最強のリーダーシップ強化訓練教科書

―インシデント・プロセス―

岡部　泉
松嶋　清秀

鳥影社

最強のリーダーシップ強化訓練教科書
──インシデント・プロセス──

目 次

はじめに　　5

Ⅰ　インシデント・プロセスとは …………………… 13

Ⅱ　インシデント・プロセスはなぜ有効か……… 21

Ⅲ　インシデント・プロセスの構造 …………… 29

Ⅳ　インシデント・プロセスの手順 …………… 35

　　1.　出来事　　　　　　　37
　　2.　原因　　　　　　　　44
　　3.　対策案案出　　　　　52
　　4.　リスク検討　　　　　56
　　5.　最適解決案策定　　　60
　　6.　予応策案出　　　　　66

Ⅴ　実際のインシデントケースから学ぶ……… 75

【参考資料】ケーススタディの手引書 ……… 99

出　典　　115

最強のリーダーシップ強化訓練教科書

──インシデント・プロセス──

はじめに

　本書は、現場におけるマネジャーのリーダーシップ発揮のための実践力強化に的を絞ったものです。

　弊社が長年に渡り、数多くの企業でリーダーシップ強化の取り組みを行ってきた実践力を強化するための、具体的教科書です。

　極論を述べるならば、現場で発揮できない理論であれば習得しても意味がないという考え方のもと、長年実践してきた教科書ともいえます。

「現場力の強化、向上」という言葉は多くの企業から聞かれます。強い現場には必ず強いマネジャーが存在します。強いマネジャーとは、市場起点・顧客起点で物事を考え、最適な判断を行える人ともいえます。

　強い企業の共通的傾向は、現場の強さと言われるように、現場第一線の社員、マネジャーの強さが企業の強さに比例しているともいえます。

　物が売れない、競合との差別化ができなくなってきた時代背景において、いかに早く、適確に市場・顧客欲求に適応していくのかを、社員全員が、悩み考えて実践していかなければなりません。

　しかし、社内外の業務遂行時に、様々な予期せぬ状況が日常的に発生し、本来業務を後回しにして対策に追われているのが、現実の職場実態といえます。顧客・取引先との接点がない管理部門や上層部の意思決定では、市場の変化についていけない状況すら見受けられるようになってきています。

　現場が強い職場とは、現場マネジャーを中心として、職場で発生する様々な出来事（トラブルやクレーム）に迅速で最適な判断を行える職場といえます。そのようなマネジャーがいる職場の社員は、様々な出来事（トラブルやクレーム）に振り回され時間を費やすことなく、より良い品質確保に向けた、前向きな気持ちで仕事に取り組むことができるといえます。

一般的に、マネジャーの仕事の八割は、問題解決の繰り返しと言われています。職場で何ら問題がなく、仕事が淡々と成果を獲得しているのであれば、どれだけマネジャーは楽なことかと思います。しかし、問題への対処で追われているのが実態で、その対処の善し悪しが職場の雰囲気を決め、生産性をも決めているといえます。

　職場で何事もなければ、マネジャーは必要ないともいえます。社員では判断ができない事態を解決して業務を最適に進めていく。また、チームメンバーを解決に向けて導いていく。そのためにマネジャーが存在するといっても過言ではありません。

　弊社で長年取り組んできたマネジャーの現場におけるリーダーシップ強化手法は「インシデント・プロセス」といわれる手法です。「インシデント・プロセス」とは、特定の手法・技法を使いこなす能力を強化するのではなく、あらゆる職場に発生しているトラブルやクレームなどの実例を取り上げ、迅速にどう対処していくかを考えるものです。

　マネジャーにとって重要なのは、知識を習得することはもちろん大事なことですが、職場で瞬時に使いこなす力です。インシデント・プロセスは、現場で起きている多岐にわたる出来事（クレームやトラブル）に対する迅速な対応力を強化するものです。

　皆が頼りにするマネジャーとは、理屈をたくさん述べるマネジャーではなく、「ここぞといった、不測の事態の時に確実に皆を牽引してくれるマネジャー」ではないでしょうか。

　強いリーダーシップを発揮している人を思い浮かべてください。どのような人でしょうか？　仕事がバリバリできる人！　周囲に思いやりのある人！　いろいろと思い描くことができるのではないでしょうか。

　マネジャーに期待するリーダーシップとは、どのようなリーダーシップでしょうか。

　言うまでもなく、チームをしっかりと強い意志のもと、適確な方向に導いていってくれる人です。

はじめに

　過去、数多くのリーダーシップの定義が公表されてきました。ＰＭ理論、グリッド理論、状況対応リーダーシップ理論、パワー理論、すべて間違いではなく素晴らしいリーダーシップ理論といえます。

　また、判断力強化に向けてのインバスケット技法などは、判断・意思決定の実践力の強化には向いているといえます。

　多くの企業で「リーダーシップ強化研修」「課題解決・問題解決研修」「ロジカルシンキング」などの研修が実施されています。しかし、それほど顕著な成果が出ていないのも実情ではないでしょうか。研修だからすぐには成果が出ない、意識が少しでも変われば良いのでは……という理解となっているのではないでしょうか。

　なぜ、成果が出づらいのか。それは、手法技法を一生懸命学習しても、職場で発生するトラブルやクレーム個々に対し、この出来事への対処はどの技法が良いのか、どのように技法を使うかなど、考える余裕がない……というのが本音ではないでしょうか。

　なぜ使いこなせないのか。それは、実際の自分の職場の実態に即して考える研修となっていないからではないでしょうか。

　これまでの多くの企業の研修現場における取り組みでは、各種手法・技法の理解習得に重きがおかれ、使いこなす力の強化は現場任せ、本人任せになっていたのではないでしょうか。

　これだけ多くのリーダーシップ理論が長年出回っているにもかかわらず、いまだに、リーダーシップの強化が必要だということで数多くの企業がその取り組みを行っています。

　なぜでしょう？　そう、リーダーシップの発揮は理論ではなく、それを本当に現場で発揮できるかが重要なのです。

　現場で使いこなし、発揮できない知識はむしろ知らないほうが良いかもしれません。

　これまで企業は、強いマネジャーを育てるのではなく、確実性の高い几帳面な「管理者」を育ててきたのではないでしょうか。

管理者とマネジャーでは、本来期待するものが違うことを理解しているものの、長年にわたりしっかりと部下を管理し、業務の抜け漏れがない管理を期待して、管理統制を確実に行った人々を優秀である、ということからマネジャーに登用してきたのではないでしょうか。

　そういった人たちは、ある特定の思考の枠組みの範囲において、極めて優秀で誠実に業務に取り組むことを求められてきたのであり、その範囲で期待される成果を出せてきたのです。それが、ポジションが上がって急に、柔軟で高い判断力を求められてもできるはずがありません。

　R・カッツのカッツモデルと呼ばれる、組織人に求められる三つの能力モデルで考えてみると、よく理解できます。

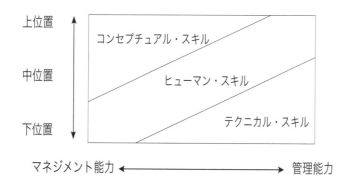

　テクニカル・スキルとは、業務をしっかりと行う力、個々の業務を処理・遂行する能力といえます。ということは、マネジャーはその該当業務が確実に行われているかを管理することが求められます。管理能力とは「管理する力」であり、抜け漏れなどを含め確実に業務遂行ができているかを管理することで、中位層から上位層になっていくと、コンセプチュアル・スキルが求められてきます。

はじめに

　コンセプチュアル・スキルとは、日本語で総合判断力、もしくは概念化能力と呼ばれています。この能力は「様々な状況や情報から必要なものを察知・組み立てを行い最適解を導き出す力」といっても良いといえます。

　マネジメントの語源は、マネジ＝荒馬を乗りこなす（ラテン語）といわれています。企業におけるどうにもならないことをどうにかすること、と置き換えて使われています。「どうにもならないことをどうにかする人」そのようなことを行う人々を、マネジャーと呼んでいます。

　マネジャーとは、どうにもならないことをどうにかする人、であり、決まったことを確実に遂行する人ではないということです。

　何事もなければ、管理だけで業務遂行が進むことになりますので、マネジャーはいらないということになりますが、実態はそうはいきません。いろいろなトラブルや不測の事態が多発するのが組織といわれています。このようなことから、管理者ではなくマネジャーが求められる所以といえます。

■インシデント・プロセスを体験してみましょう。

　実際にある企業で書き出された出来事をマネジャーとして取り組んでみたいと思います。

　さて、マネジャーである皆さんに以下のような問題が直面しました。悩んでいる時間はあまりありません。最適解を導き出し、メンバーに指示を行わなければなりません。

◆ケース：急激な業務量増加に対応しなければ！

【背景情報】
　貴方は、ある伝票入力センターのマネジャーである。顧客先で新サービスが突然始まったことにより、入力しなければならない伝票が1.5倍に増えた。あと数ヵ月はこの状態が続くということなので、何とかしてこの急激な業務量増加を乗り切らねばならない。
　急激な業務量の増加であったため、派遣社員の採用・育成が間に合っていない。また、コンピュータの増設や、場所の確保も追いついていない状態である。
　現状の人員では、入力作業はまったく追いつかない。入力できなかった伝票が翌日にたまってくるようになり、お客様から催促の電話が来るようになった。クレームの対応に追われて業務の質も低下し、さらにクレームが増えることになった。

はじめに

【出来事】
　とある曜日の夕方のこと、部下が飛んできました。「マネジャー、大変です。メインの顧客様A社からクレームです。いつになったら注文したサービスが使えるようになるんだ！　明日中にできないなら、他社に変更する！　と言ってきています。明日中なんて絶対に無理です！　どうすればいいですか」

　さあ、マネジャーである貴方は何らかの対応をしなければなりません。時間をかけて考えている余裕はありません。
　以下のような、状況に対してマネジャーとしてどうしますか？

→すぐに、どのような手を打ちますか？
→なぜ、このような状況を放置していたのですか？
→本質的な原因は何でしょうか？
→今後このような事態が発生しないためには、どのような手を打つ必要がありますか？
→このような事態は、予測できなかったのでしょうか？

I
インシデント・プロセスとは

■インシデント・プロセスとは

　10ページのような【出来事】のみを書き起こしたものを、マネジャー自身が自分の問題として、その事態に直面したら、どのような対策や考えを持つ必要があるのかを考えるものがインシデント・プロセスです。そして、その出来事は、他社の出来事ではなく「自社の同じ立場の人々が体験した出来事」であることが必須となります。何故ならば、他人事として評論家的発言ができなくなることが重要なのです。

・インシデント・プロセスは事例研究法（ケーススタディ）の一方法として、マサチューセッツ工科大学のピコーズ教授が提唱した手法です。一般的に言われる、ケーススタディによる学習法の発端はハーバード大学で開発された学習法と言われ、実際のマネジメント力の理論ではなく、企業の事例を通じて学習した知識の学習法として世界に広まった手法で、世界中で活用されています。日本においては慶應義塾大学経営管理研究所（現在のビジネススクール）が最も古くから導入しています。

・通常、ケーススタディで活用する事例はケースライターと呼ばれる専門家によって、事前に想定する企業や状況の多岐にわたる情報を収集して構造化して書き起こされた事例で、A4で5〜20頁程度のケースとなっています。その事例を活用することにより、いろいろな視点（経営戦略、マーケティング戦略、財務会計、組織など）による学習の理解度を深めることが効果的に行われるものとなっています。

Ⅰ．インシデント・プロセスとは

・知識の習得においては、このようなケーススタディの学習法は有効で、質の高い知識を得ることができるといえます。間違いなく最強の学習法といっても過言ではないといえます。

・インシデント・プロセスで使用するケースは、ハーバード大学で開発されたケースのような数十ページにも及ぶケースとは違い、1ページに収まるものとなっています。その大きな特徴は、参加者が自分自身の経験したインシデント（出来事）を書き起こすことに始まります。それは、日常の身近な出来事を取り上げたものであり、出来事となる事象のみを書き起こしたもので、文章量としては、通常A4一枚に収まるものがほとんどといえます。

・インシデント・プロセスにおけるケースは、身の回りに起きた身近な生の事例で、「発生した出来事のみのケース」であり、ケースと呼ぶにはふさわしくないかもしれません。しかし、そこには組織・職場の問題が網羅的に内在されており、何らの特定の理論や対策で解決できるものではないといえるものばかりです。

・インシデントは参加者自身が経験したことを書き起こす場合と、事前に用意されたケースとしての出来事（インシデント）があります。いずれの場合においても、インシデント・プロセスが取り扱う出来事（インシデント）は、参加者の日常身近に起こるであろう事象をケースとして取り上げたものとなります。

(1) ケース（事例）を活用した学習

■ケース（事例）を活用した学習の目的
　ハーバード大学のケースに代表されるように、ケース・スタディ学習方式では、事前に参加者にケースが配布され、しっかりと読み込みを行って全容を理解してくるところから始まります。ケースのボリュームが多く、その場で読み込みをして議論をするには時間が足りないことや、事前に自分なりの分析をしっかりと行い、自説（仮説）を持ったうえで他の参加者との議論を行うことが前提となっています。

■一般的手順
・事前に配布されたケースを読み込み、ケースから読み取れる課題を整理し、ケースにおける事実や背景について考えます。
・ケースに内在する各種課題について、課題解決の方向を、特定の領域（経営戦略、マーケティング戦略、財務会計、組織など）の視点から分析し、解決の方向と解決策の妥当性を検討します。
・事前に分析した内容について発表を行い、参加者同士で議論を行い、解決策の論的を体系化したり、知識の整理を行います。講師は、議論のファシリテーターの役割を担い、最後の理論的分析を体系化し、最適解を参加者に示すことになります。

Ⅰ. インシデント・プロセスとは

■利 点

　ケース・スタディで活用されるケースには、事例となる企業の歴史、業界状況、環境状況、事業の特徴や登場人物の役割に加え、具体的マーケット状況、財務などの計数が記載されていることが多く、事例の企業状況を容易に把握でき、そこに内在する問題を理論的・体系的に学習することを容易としています。

・特定の知識習得や、理論の習得には適している
・各種分析や知識の体系化を、ケースに内在する多様な側面から学習することができる

■欠 点
・事前準備時間を要する
・発表者以外は受け身的姿勢になりがちで、問題意識が低い参加者にとっては学習効果が低い。
・実際の職場における活用の転移が、参加者能力により偏りが出る。
・特定の学習領域(経営戦略、マーケティング戦略、財務会計、組織など)の知識習得には向いているが、実際の企業に発生する複雑に絡み合った問題や課題を内在してはいないことから、企業の複雑な実態の学習には適していない。

⑵ インシデント・プロセス学習

■インシデント・プロセス学習の目的
　インシデント・プロセスは事前にケースが配布されることはなく、参加者はその場で初めてケースを見ることになり、事前準備なしでケースに臨むことになります。それは、参加者にとって「事実認識、質問力、情報整理、課題形成力、問題解決力」など多岐にわたる能力が求められることといえます。
　ケースは大きく二通りの内容に分かれます。

①事前に作成されたインシデント・ケース
　（インシデント・プロセスやインシデント・ケースになれる程度に活用）
②参加者が、その場で書き起こすインシデント・ケース
　（インシデント・プロセスの基本といえます）

Ⅰ．インシデント・プロセスとは

■一般的手順

（ここでは、インシデント・ケースをその場で書き起こす手順を示します）

①自分自身の最近（3〜6ヵ月程度）体験した、「トラブル、ヒヤリハット（困ったこと）など」を、出来事のみについて、話し言葉で書き起こします。

②他者と相互に書き起こしをしたインシデント（出来事）を交換し、手元にきたインシデント（出来事）の内容や状況を理解します。

③手元にきたインシデントを自分のこととして考え、対策を検討するための、更なる情報収集に向けた質問を考えます。

④質問に基づいた情報収集の後、インシデント（出来事）の原因を検討し、対策を検討します。

⑤相互に発表を行い、作成者のコメントを受けると同時に、更なる対策を全員（もしくは個人で検討）で議論します。

■欠 点

・インシデント（出来事）がリアルであることから、関係者以外の参加が困難となりがちである。

・体系的理論学習は困難となる。

・ファシリテーターのスキル（ファシリテート、最後の論理的まとめ）により、参加者の理解度が大きく左右される。

II

インシデント・プロセスはなぜ有効か

■職場では毎日問題が発生している

■問題がいっぱい

　企業の幹部の方と話をしていると「我社には問題は全くありません」と言い切る場面に出会うことがあります。それは本当でしょうか。経営にかかわるような問題がないと言っているだけではないでしょうか。問題がない職場は皆無と言われています。マネジャーは、日常の中で急に発生した問題に対処する、ということの繰り返しといっても過言ではありません。

　発生する問題は「些細な問題から重大な問題」、「頻発問題から忘れたころに起こる問題」など、多様です。些細なヒヤリハットなどは、その場での対処が終わると日常の忙しさにまぎれ、忘れてしまうものです。

　また、人によって「問題だ」「問題ではない」という問題認識の差異が職場で起きることにより、結果として多様な問題が日常の中で起きることに繋がっています。

■人間が問題を認識する際の個々人の違い

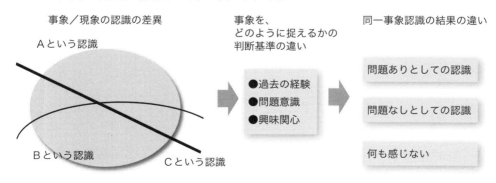

Ⅱ．インシデント・プロセスはなぜ有効か

―― 個々の事象認識の違いと共通認識の重要性 ――
（人間、見たいようにしか物事を見ない）

　どの職場においても、よく似た問題事象の繰り返しではないでしょうか。でも、なぜそれほど類似の問題が発生するのでしょうか。当然誰もが考えることですが、結局目先の問題が解消されると忘れてしまうのが人間の特性ともいえるのではないでしょうか。
　また、問題事象に対して、「問題だ」という人や「問題ではあるけれども、問題のとらえ方が違う人」、さらには「問題そのものを感じない人」など、本当に多様ではないでしょうか。
　問題という認識は、見る人個々人によってばらばらであるということを理解しないで「問題だから解決策を考えろ」と言っても、そもそもの認識が違うということを無視して指示を出しても、解決策は中途半端なものになってしまいがちです。

　問題とは出来事としての事象です。事象はそれぞれの人々によって、そのとらえ方に違いがあります。その違いは、事象をどの立場で見るのか、立場によって大きく違ってきます。また、人々の過去の経験や興味関心、そして何を大事にするかといった価値観などによっても事象のとらえ方が違ってきます。その結果、ひとつの事象に対して、「問題だ」「問題とは思わない」と大きく差異が出てきます。また人によっては、問題としての事象そのものを感じていないこともあるのです。

■職場の問題解決は「モグラ叩き」の繰り返し

■発生問題に対する対処

　忙しい毎日、なにか問題が発生するとすぐに対処し収める。この繰り返しではありませんか。収め方が、早い！　うまい！　的確だ！　などなど、誉め言葉としてよく聞く言葉です。そして、その対処がうまい、迅速な人が優秀なマネジャーといわれているのではないでしょうか。

　しかし、「どうして、毎日、これだけ数多くの問題が起きるのだ」と考えたことはありませんか？　問題をよ〜く見つめてみてください。よく似た問題の多いこと。

　それは、モグラ叩きをやっているからです。

　モグラの穴をじっくりと見たことありますか？　ポコッと土に穴が空き、モグラが顔を出します。

　するとみなさんは、その穴に「土を入れて埋めたり」「薬をまいたり」穴を完全に塞ぎますよね。でも、しばらくすると、違った場所から「ひょっこりと穴を掘って顔を出すモグラを見る」。こんな経験はありませんか。土の中のモグラの道は縦横無尽に繋がっているのです。大事なことは、穴を塞ぐのではなく、モグラの道にある分岐の拠点を潰さないといけないのです。その拠点を潰すことにより、モグラは出先を失い、違う土地に引っ越していくことになるのです。

Ⅱ．インシデント・プロセスはなぜ有効か

■問題の根本原因を潰す

　組織・職場の問題もモグラの穴と同じといえます。目先の対処に終始し安心するのではなく、問題が顔を出す元を探り出して「根本的原因を潰す」ことが大事なのです。しかし、意外とこれが難しく、皆、対処療法的問題解決を行っているとは思ってなく、しっかりと根本原因を潰したつもりになっているのです。

　組織・職場の問題の多くが根っこは似ているといわれています。この「似ている」という言葉は、似ていないところが多くあるという言葉でもあるのです。日々環境が変化し、問題に関与する人々が違っている中での事象に同じということはあり得ないといえます。

　確実に問題の根本原因を探り出して解決することがマネジャーには求められ、また、同様の問題の予兆を察知して、迅速に、事前に手を打つことが求められます。

■インシデント（出来事）への対応力から、予応力まで

　インシデント・プロセスの学習は、出来事への対応力の強化を目的としています。しかし、この考え方を理解することにより、本来マネジャーに求められ重要となる変化対応力を、予測・予応する力へと変換していくことに繋がっていくといえます。いわゆる、コンティンジェンシー・プラン（不測事態対応政策）を常に模索検討する力です。

　組織・職場では、問題が発生してから対応することはもちろんのことですが、日頃より、様々な情報を収集することにより、予測できる不測事態に対して発生時の対応をあらかじめ検討しておくことが可能となります。

　事前に多様なトラブルや問題を検討しておくことにより、発生時に慌てることなく、迅速に対策を打つことができるようになります。更には、トラブルや問題の回避、という行動にも繋がっていきます。

　コンティンジェンシー・プランを検討する際のポイントは、以下のとおりです。

- 思いつく全てを書き出す
  （類似だとか、たいしたことがないと言って統合、削除しない）
- 問題、トラブルと認識する基準を明確にする
  （トリガーポイントは何かを明確にしておく）
- 問題、トラブルに対して対策を検討した際に、更なるトラブルの発生をも予測しておく
- 問題、トラブル発生時に対応するのは誰かを決めておく
- 常に、プランをブラッシュアップする習慣を身に付ける

Ⅱ. インシデント・プロセスはなぜ有効か

　トラブルや問題の発生は、ないほうが良いに越したことがありません。しかし、どんなに事前に手を打ったとしても、実際には必ず発生する、といっても過言ではありません。具体的問題として発生する前に未然に防ぐことができれば、発生時のバタバタや、対処に追われる時間・コストが軽減されます。

　過去の経験から問題発生時の予兆を読み取ることができれば、問題解決力は急速に向上するといえます。

　問題が発生してからの対応力も重要ですが、予兆に対する予応力は、マネジャーにとって重要といえるのではないでしょうか。

III

インシデント・プロセスの構造

■インシデントのイメージ

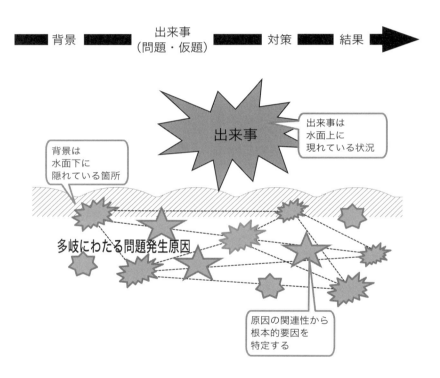

Ⅲ．インシデント・プロセスの構造

「出来事（問題・課題）」とは、気がついた、目に見える職場の問題で、水面上に現れる発生問題です。

　水面上に現れた問題の解決は対処療法的に見える事象の解決を行うだけでなく、水面下の、様々な多岐にわたる原因を探ることがマネジャーに期待される能力です。

　水面下の複雑にからみあった要因を関連づけ、深掘りを行うといった多様な原因の関連づけを行い、根本的原因を特定しなければなりません。それを放置すると、類似の問題がこれから先も出てくることが想定されます。そして原因の関連性から根本的要因を特定することが重要となります。

■インシデント・プロセスの構造

インシデント・プロセスの構造は、下記のようにシンプルなものとなっています。

マネジャーであれば、インシデント・プロセスの取り組みは日常誰もが無意識にやっていることといえますが、整理をしてみると下記のようになっています。

通常、マネジャーの多くが①の枠を行って終わっているのが実態といえます。問題に対する対策を検討し、解決に導いた後は、ほっとして日常に戻ってしまっているのではないでしょうか。しかし、本当にマネジャーがやらなければならないのは、②の本質的な原因を追及して解決策を考えることといえます。そしてその後に、③のリスクと予兆に対する予応策までを検討することが、本来のマネジャーの役割といえます。

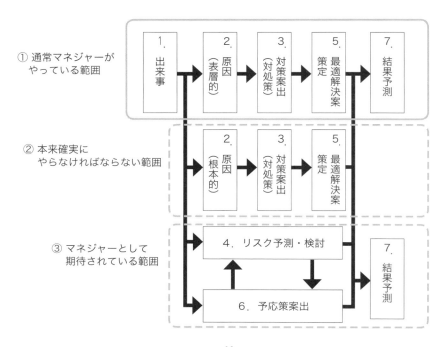

Ⅲ. インシデント・プロセスの構造

■インシデント・プロセスの強化を行うことによるマネジャー能力

　インシデント・プロセスに取り組むことにより、マネジャーに求められる多様な能力の強化が図れることになりますが、特に下記の能力が強化されます。

　これらの能力は、八頁で述べたR・カッツのカッツモデル「組織人に求められる三つの能力」における、コンセプチュアル・スキルの内容が中心となっています。

　人々との良好な人間関係構築力や、コミュニケーション力は含まれていません。マネジャーになっている人々は本来、ヒューマン・スキルは既に習得している人々、という考え方に立っています。何故ならば、どれだけ頭脳明晰で論理的であっても人とやり取りする能力が低ければ、チームの長となることは本来困難といえます。ということは、マネジャーに登用される段階において既に、ヒューマン・スキルは保有されているはずであるという考え方です。

①問題認識力・課題設定力：
　　　　実際に身近に起きた"トラブルや問題"の認識
②問題の体系的構造化力：
　　　　表層的事象に振り回されない、論理的深掘りの思考
③多面的・多角的思考による対応策発想力：抜け漏れのない投網的思考
④将来予測・分析力：対策を打つことによる、副次的発生リスクの予測
⑤判断基準設定・プライオリティー構想力：
　　　　環境、組織状況からの総合的スクリーニング思考
⑥環境・事業予測力・リスク発生分析力：
　　　　将来の事業活動からのリスク予測
⑦組織能力理解力：各種対応策の組織受容理解力と適応・予測
⑧意思決定力：自己の強い信念のもと、責任を持った決断を行う

IV

インシデント・プロセスの手順

1 出来事	① 「出来事」を書き起こす ② 相互交換の後、インシデント（出来事）の理解をする ③ インシデントの背景について、意思決定を行うための 「情報収集：質問を考える」
2 原因	④ インシデントの問題範囲を特定する ⑤ 質問から得られた情報を元に、インシデントの原因を 考える ⑥ インシデントの原因を表層的原因と根本的原因に整理 する
3 対策案 案出	⑦ 原因の要素ごとの対策を検討する ⑧ ⑦を踏まえて表層的原因に対する、対処策を検討する ⑨ ⑦を踏まえて根本的原因に対する、対応策を検討する
4 リスク 検討	⑩ ⑧を実施した際の、副次的発生リスクを検討する ⑪ ⑨を実施した際の、副次的発生リスクを検討する
5 最適 解決案 策定	⑫ ⑩実施時の、リスク対応可能性を検討する ⑬ ⑪実施時の、リスク対応可能性を検討する ⑭ ⑫⑬を総合的に考えて、最適解決策を検討する
6 予応策 案 出	⑮ 類似インシデントを、カテゴリー（物理的、思考プロ セス等）毎に洗い出す ⑯ ⑮のインシデント毎の予応策を検討する ⑰ 予兆発生時の、見極め基準を検討する ⑱ 予兆発生時の、具体的行動プロセスを検討する
7 結果予測	⑲ ⑭実行による、結果成果を予測検討する ⑳ 書き出した全てのインシデントを体系的に整理する

Ⅳ．インシデント・プロセスの手順

1．出来事

①「出来事」を書き起こす

■問題解決の第一歩は客観的事実を摑むことといえます

　職場における問題発生時、多くの人々の会話では「○○が起きている」「○○みたいだ」「○○らしい」などと、事実と推論が入り乱れた言葉が飛び交っています。それぞれの人々の解釈が入り、何が本当の事実なのかが分からなくなっているのが実態ではないでしょうか。マネジャーに求められるのは「具体的な事実認識」であり、余計な解釈や推察が入っていない情報です。

　この事実は何か、という問いは実は簡単なようで極めて難しいものといえます。何故ならば、人間が感じた事実だからです。その人間個々人により、確実に何らかのフィルターがかかっているものであるという理解をしておかなければなりません。

　また、「この事実は問題である」という認識を基準とする——これがまず重要となります。問題という認識は人それぞれであるとはいえ、同一の事実の事象であっても「大変だ」「良くあることだ」「何が問題かわからない」といった事実認識の違いによって、事実そのものが大きく違ってくるからです。

1．出来事

　出来事を話し言葉で、ストーリー性を持って書き起こします。話し言葉で書くことにより、よりリアルで臨場感がわいてきます（箇条書きや体言止めは避けることになります）。

　読む誰もが、その場にいるかのような錯覚を持つくらい臨場感あふれる文章で、話し言葉で書き起こすことです。

　何故、このような文章を心がけるのか？　それは、問題の事象を可能な限り客観的に摑みたいからです。箇条書きや、である調ではその場の状況が伝わってきません。

　何より、客観的文章で書き起こすことを意識することは、事象の的確な把握を行っていないと書けないということに気づくからです。

　インシデント・プロセスでは、各人が問題と思う「出来事の事実のみを書き起こす」ことから始まります。書き起こしには、次のことを留意して事実としての出来事を書き起こします。

　特に留意しなければならないのは「背景を書かない」ことです。ややもすると、しっかりと書こうとするあまり、背景のみならず、対策までも書いてしまうことがあります。

　マネジャーにとって、この事実認識を確実に行えるかは、問題解決力の第一歩といえます。

　事実認識がずれていたり、抜け漏れがあっては、的確な要因を検討することができません。当然、最適な解決策など、望むこともできなくなってしまいます。

Ⅳ. インシデント・プロセスの手順

② 相互交換の後、インシデント（出来事）の理解をする

　書き起こしが終了したら、相互に出来事の事例を交換します。交換後、他者より受け取った事例の当事者として事例の出来事に向き合うことになります。他の人が書いた出来事の事実から、何を読み取るのか問うことになるわけですが、評論家的に読むことは避けなければなりません。

■行間を読む
- 文章（文字）を読むだけでなく、行間から、何が本当に起きているのかを想像してください。
- 行間を読むためには、自分がインシデントの状況に置かれているという気持ちになって、本当に何が起きているのかを真剣に考えることです。
- 文章がリアルで臨場感あふれるほど、当事者的心情・感情が入りがちになりますが、文章・行間から事実をしっかりと捉えることが求められます。

■当事者になりきる
- 当事者になりきってインシデントを読むことにより、出来事の背景や状況が浮かんできます。そして、問題解決に向けて何が情報として足りないのかがイメージ化できてきます。

1. 出来事

■問題の要素を考える

・ややもすると、表面的目先の事象にのみ視点が行きがちになりますが、インシデントには、いろいろな要素が絡み合っていることが多いといえます。どのような要素があるかを分類検討していくことは、重要なポイントになります。

・組織における問題事象では、表出している事象は単純なようであっても、内在している要素は極めて多いといえます。

　例えばある日、部下が"自分の評価に納得できない。もう一度やり直してほしい"というような申し出があったとします。そのような事象に内在している要素にはどのようなものが考えられるでしょうか。

→評価基準そのものが曖昧（制度的問題）
→評価基準はしっかりしているが、評価者の理解が曖昧
　　　　　　　　　　　　　　（人的能力の問題）
→評価を表面に出してきているが、日常の上司に対する反発
　　　　　　　　　　　　　　（コミュニケーションの問題）
→評価を表面に出してきているが、業務分担や役割、仕事の進め方に対する反発　　　　　　　　（戦術・業務体制とプロセスマネジメントの問題）
→評価を表面に出してきているが、なあなあといった組織文化に対する反発や嫌気　　　　　　　（組織文化の問題）

Ⅳ. インシデント・プロセスの手順

　など、多くのことが内在しています。そのような多面的に事象を読み取ることが重要となり、この事例のような場合に対して、"そうか、評価の仕方が悪かったんだ"といった、安易な問題認識は絶対避けなければなりません。

1．出来事

③インシデントの背景について、
意思決定を行うための「情報収集：質問を考える」

■質問する力の必要性

　マネジャーがいつも、発生した問題の当事者ということは少ないのではないでしょうか。部下・後輩から相談があることがほとんどといえます。そしてそのような時には、問題の困ったことだけが相談として持ち込まれることになります。当然、限られた情報で、部下・後輩の理解している範囲の状況報告で、解決策のみを求められることが多いというのが実態となっていることでしょう。

　そのような時に、速やかに問題の全体像を理解するための情報を得なければなりません。マネジャーとして的確な必要情報を獲得するために、部下や関係者に質問をすることになります。

　トラブルや問題への対応は緊急性があるものが多い中、瞬時に質問をして情報を得なければなりません。だらだらと会話をして、情報を整理する時間はないのが現実といえます。

　限られた時間の範囲で限られた質問を行い、意思決定に必要となる必要情報を獲得することになります。

　本当にどのような情報が必要かということを探り出すための質問力は、マネジャーにとって最も重要な能力といっても過言ではありません。

　得られた情報は、当事者のバイアスや感情が入っていると考えなければなりません。質問から得られる情報には、結果として得た情報（事実情報）のみならず、質問に答えている時の、雰囲気、声色、表情等、感覚的情報も加味していかなければなりません。

Ⅳ. インシデント・プロセスの手順

　インシデント・プロセスの研修では、「質問は三つ」と限定して考えていただきます。いろいろと聞きたいということを実際の現場で行う余裕はありません。本当に必要な情報は何かを考え、その情報を得るための質問を絞り込んで考えることは、マネジャーとしての、全体を鳥瞰し構造化を瞬時に行う能力を求めるものといえます。

　■質問するには以下のポイントに留意する必要があります
　・トラブルや問題の背景を鳥瞰し、問題の構造化を行い特定する
　・問題の関係者の範囲を把握し、関係者への影響の度合いを確認する
　・問題発生の予兆と、対策の影響の範囲を考える
　・瞬時の対策の範囲（時間、適応範囲）を検討する

　■ヒアリング力について
　ヒアリング力や傾聴力が重要という言葉をよく聞きますが、マネジャーにとって重要な能力は、ヒアリング力よりも質問力と述べました。何を聞きたいか、どのような情報が必要かをはっきりと持たないでヒアリングを重視してしまっては、問題に対する意思決定ができなくなってしまいます。しっかりとした質問をしたうえで、部下からの返事に対しては傾聴を心がけなければなりません。
　ヒアリング力は、トラブルや問題発生時だけではなく、日常の部下との会話や部下からの提案や考えなどを聞く際に、しっかりとしたヒアリングと傾聴姿勢を心がけることが重要といえます。

2．原因

④インシデントの問題範囲を特定する

■問題を整理する

　質問を行い、情報を得た後は、文章からの情報と質問から得た多様な情報から、問題の整理を行わなければなりません。断片的情報や思い込みで問題の原因を決めつけてはなりません。

　問題の整理を行う前に、ヒアリングで聞いた事実の整理が第一段階となります。職場においても、部下からのヒアリング時、部下が話す情報に対して、事実と推論・解釈が入り混じっていないかをしっかりと聞き取ることが求められます。

　多くの場合、ヒアリング時において、"○○が問題なんです"といった断定的情報や、"○○が原因だと思います"という憶測的情報などが出てきます。しかしそれは、当事者がそう感じているということであり、事実であるかは不明な情報といえます。

　インシデントにはいろいろな問題が内在しています。組織の問題の多くは、簡単な構造なようで意外と複雑であり、いろいろな要因が複雑に絡み合って発生しているということを忘れてはなりません。

　インシデントを分析するには、水面下にどのような要素が想定されるかを検討し、それぞれの関係を整理しなければなりません。

　どれだけ複雑に絡み合った要素があるとはいえ、すべての要素に問題が内在しているとは限りませんので、辛抱強く、しかし迅速に考えなければなりません。

Ⅳ. インシデント・プロセスの手順

■インシデントへの対応要素

　要素を検討した結果、関係各部署や関係者、そして業務に与える影響度や効果を考えた場合、どこに焦点を当てることが効果的かを考え、曖昧な議論を避けることができます。現実の問題、要素のすべてに手を打つことは困難です。

　現状のインシデント（トラブルやクレームなど）を迅速に収めるには、どのような手を打てばよいのかということ（対策、関係者、タイミングなど）を考えなければなりません。

　インシデント・プロセスの基本は、まず出来事（トラブルやクレームなど）への迅速な対応により、平常に戻すことといえますが、「何を」「どれだけの時間で」「どのような状態に」していくかを考えなければなりません。ただやみくもに手を打てばよいという考え方は危険で、避けなければなりません。

　対応策は、可能な限り数多くの方策を考えることが必要です。これでよいと思って手を打ってダメなときに、再度考えている時間がないことが多いのです。また、大丈夫と思って考えた対応策がダメなときには、気持ちの余裕がなくなり、慌ててしまいがちです。

　常に複数の代替案を考えることが必要といえます。

2．原因

⑤質問から得られた情報を元に、インシデントの原因を考える

■インシデントに振り回されると、原因が見えなくなる

　職場に起きるインシデントの多くが、トラブルやクレームといえます。平常では発生しない出来事ですので、ややもすると、大変だ！　ということが先に立ち、火消しに埋没してしまうことが多々あるといえます。

　実際の職場の場面でじっくりと原因を探るということは、ほとんどの場合できないと考えなければなりません。だからこそ、意識して冷静に、原因は？　ということを考える意識が求められます。

■質問からの情報を整理する

　インシデントの原因をヒアリングから得られた情報をもとに検討する際に、緊急度が高い場合など、拙速に原因を特定しがちです。原因は、大きな原因、小さな原因、根の浅い原因、根の深い原因など多岐にわたります。

　ヒアリング結果からの情報を整理しても、意思決定を行うには情報が不足していることは十分想定しておくことが必要です。そのような場合には仮説としての原因を考えることになり、あくまで仮説という認識を忘れてはなりません。

■整理情報から原因を特定する

　仮説は複数検討し、仮説①の場合〜、仮説②の場合〜、といった考え方を持つことは、多面的、複合的思考を持っていくうえで、重要な考え方といえます。

Ⅳ. インシデント・プロセスの手順

⑥インシデントの原因を表層的原因と根本的原因に整理する

■原因の関連を考える

　組織内にて発生する多くのインシデントは、いろいろな要素が絡み合って発生していると述べてきました。自分たちが感じた事象、実際に遭遇する困った側面、そのインシデントとして表出している直接的要因は、すぐに気づくものが多いといえます。

　ヒューマンエラーといった、人に関わる意識の問題などは、コミュニケーションをしっかりとしておけば解決できるものがほとんどと言われていますが、本当にそうだろうかと考えることも必要です。

　多くのインシデントは、組織内コミュニケーション、業務プロセスや作業手順、意思決定の範囲の曖昧さ、無意識の組織内行動基準、組織風土、マネジメントコントロールの曖昧さなど、その他多くの要素が関係しているといえます。

　原因を特定する際の検討の参考に一般的組織の構成モデル「組織モデル」（次頁）を見てみます。組織内の各要素は相互に関連性があり、相互作用を行っていることが窺えます。

　組織モデルは一般的で、共通性の高いものですが、一般的・共通性が高いということは、どの企業にもマッチしていないということにつながります。

　多種多様な共通的モデルを参考にしながら、自社実態を把握する際の自社モデルを考えておくことも、マネジャーにとって必須といえます。

　また、営業部門、製造部門に特化したモデルは別に考えなければなりません。更には、顧客・取引先などを含むＳＣＭ（サプライチェーンマネジメント）までを含んだビジネスモデルキャンバスなどのモデルも別途考えていなければなりません。

2．原因

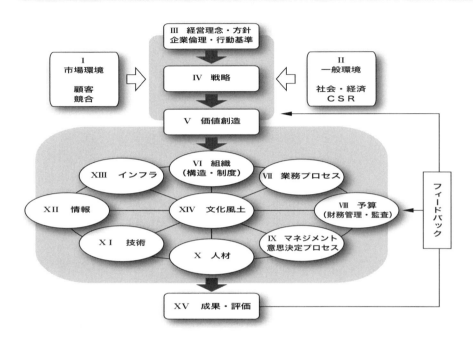

■原因の深堀をしよう
- あらゆるインシデントには、必ず原因があります。気づいた原因に手を打つ前に、原因の深堀りをすることが必要です。原因には、必ずその原因を発生させた更なる原因があると言われています。
- 原因の深掘りは五回行う、とよく言われています（多くの企業で言われる「何故、何故を繰り返す」です）。原因の原因、いわゆる真因と言われるところまで掘り下げを行ってください。モグラの基地とは、真因のことを指します。真因まで掘り下げを行っていくと、真因がいろいろな要素に影響を与えていることが見えてきます。

Ⅳ. インシデント・プロセスの手順

⑦ 原因の要素ごとの対策を検討する

■組織の問題にはいろいろな要素が絡んでいる

　インシデントの原因を掘り下げると、複数の原因に行き着きます。それらの原因の各要素は一つではないといえます。重要なことは、原因の要素をはっきりとさせることです。人の問題（意識、スキル、モチベーションなど）、業務の問題（業務プロセス、業務構成、意思決定項目など）、風土の問題（コミュニケーション、行動規範など）、戦略の問題（市場戦略、組織戦略、事業戦略など）を曖昧に捉えるのではなく、要素の何がどの程度、というように具体的にしていくことが必要です。

　前掲しています組織モデルを見ていただいたように、要素間の絡みからの原因が多いという認識をしておくほうが、本来の組織内の原因を見出しやすいかもしれません。

　単一要素での原因は、組織のインシデントでは意外と少ないともいえます。

2．原因

　問題といえるほどのインシデントではないレベルの出来事を考えてみて
ください。

【背景】

　私の部門は、営業企画部門であり、皆新たなマーケティング施策
を考えている。各人与えられたテーマに対して、個人で調査した結
果を、周囲と議論をして考えをまとめるということの繰り返しであ
る。そのせいであるのか、やや時間にルーズなところは見受けられ
る。

【出来事】

　今日は、朝一からミーティングを行う予定だが、A君がまだ出社
していない。15分ほど過ぎたときバタバタと出社をしてきた。
「申し訳ありません。電車が遅れて……」
　汗びっしょりでゼイゼイといっている。

　→マネジャーとして、この出来事をどう認識しますか？
　→マネジャーとして、A君に第一声、どのような言葉をかけますか？

①規律的側面から指摘する
②気づきを与えるよう、「報連相を考えてちゃんと連絡してね」と言う
③特に感じない。

　　　⋮
　　　⋮

Ⅳ. インシデント・プロセスの手順

■要素ごとに対策は違う

　職場のいろいろなインシデントへの対応とはいえ、原因の要素によって対応は千差万別です。対応を間違うと、逆に大変なことになってしまうことも、往々にして発生します。

　要素によっては直接的対応が効果がある／間接的対応の方が効果がある、また、対応の効果がすぐに出るものや、徐々に効果が出るもの、それぞれに違いがあることを考えなければなりません。

　前頁の事例では、Ａ君の意識の問題、時間にルーズな職場の文化、事前に連絡しなくても許されるルールの曖昧さ、そのほかにもいろいろと考えられますが、原因と思われる要素は一つではないことは理解できると思います。

　そのような複数の原因から、すぐに対応しなければならない「対処策」そして、その後に類似のインシデントが発生しないための「根本的原因」を考えなければなりません。

3．対策案案出

⑧ ⑦を踏まえて表層的原因に対する、対処策を検討する

■トラブルやクレーム対応は急を要する

　トラブルやクレームといったインシデントは、じっくりと原因を追及していく時間がないといえます。すぐに対処して「火を消さなければなりません」。

　緊急を要するものであればあるほど、素早い対処が必要となります。その際に、マネジャーとして理解しておかなければならないのは、火消しに追われている間は、本来業務がストップしてしまっているということです。

　日常のルーティン的オペレーション業務は、マネジャー不在でも適正に動いているという状態を、日常から確保することを心がけておかなければ、本来業務までもが混乱することにつながります。

　そのためには、マネジャーは「何か起きた時や困ったときの相談役」に専従できるように、日頃から意識をもって、何かあったときに迅速な対処が取れるようにしておかなければなりません。

　急を要するインシデントであればあるほど、自分自身で対処するか、他者に対処してもらうためには、指示を間違えない、ということが重要となります。

　特に、他者に対応してもらう場合は、具体的指示と状況報告、結果報告を欠かしてはなりません。そのような日常の指導ができていない職場ほど、トラブルやクレームが多く発生する傾向があります。

Ⅳ. インシデント・プロセスの手順

■対処策は、次の手を考える

　対処策はモグラ叩きと同じといえます。すぐに類似したインシデントが発生することが予想されます。じっくりと本質を見極め、類似のインシデントが発生しても対応ができるようにしておくことが求められます。
　インシデントに対しての対応策は、目先の鎮静化を目的として単一的に手を打つことばかりではありません。関係部門、関係者全てに手を打たなければなりません。その際に、手を打つ順序や、相手によっての指示内容や方法を間違えないようにしなければ混乱を起こしてしまいます。
　インシデントとなるトラブルやクレームは、特定の部門にのみ影響するということは意外と少なく、業務上の前工程、後工程、また、ラインとスタッフというように、関係ある部門にも影響を及ぼします。そのために、対処策であっても、インシデントが直面する部門への対処は迅速に行わなければなりませんが、同時に関係部門に対しての対処も行わなければなりません。
　関連部門は自分の範囲ではないと考えるような、垣根を持った考えではいつまでたってもトラブルの根は絶えません。
　部門間の連携不足から発生するインシデントは意外と多いといえますが、実際には、インシデントが発生した部門の問題として捉えがちで、他部門は自分たちの問題ではないという対岸的・評論家的様相が見受けられます。

３．対策案案出

⑨ ⑦を踏まえて根本的原因に対する、対応策を検討する

■要素関連性を見極める

　組織の各要素は相互関連性により成り立っています。原因追及の結果、一要素内において本質的原因に行き着いていても、他の要素との関連を再度確認をする事が求められます。

　原因追及の過程でも起きがちなことは、各人が気になるところについてのみ掘り下げる傾向があるということです。

　同じインシデントの原因の掘り下げを行っても、部門や階層など違った立場の人が行った場合、それぞれの立場や経験、興味、関心でまったく違った本質的原因に行きつくことが極めて多いものです。

　各要素間の関連が見えてきた場合、どの要素に手をつけるのが最も効果的かを多面的に判断をしていくことが求められます。全てにすぐに手を付けることは現実的に不可能であり、実際にできることは何かを冷静に考え、プライオリティを設定しなければなりません。

■根本的原因は意外なところにある

　いろいろなインシデントを掘り下げていくと、意外な要素に原因がある場合が多いといえます。インシデントは、あくまでも表出された状態でしかなく、同一のインシデントであっても、その時の環境や関与する人々の状況によって表出形態が変わってくるといえます。

　若手社員の部下が辞めたいと言ってきたときの、昔と現在の原因を考えてください。

Ⅳ. インシデント・プロセスの手順

　同じやめたいという表出行動であっても、傾向は大きく違ってきています。
　現在の若手社員は社会的コミュニケーション力が弱いといわれ、日常の業務遂行過程において、周囲とのやり取りを良好に図ることが苦手といわれています。現在の若手社員の退職理由は、認められない、面白くない、といった傾向が多いといわれており、彼らは、その解消を日常会話の中ですることができないのです。昔であれば、そのようなことは日常のコミュニケーション過程において解消されていたといわれています。そのように考えると、同一インシデントであっても時代背景によって原因は大きく違っているといえます。

　過去の経験から原因を決め付けてはいけません。
　インシデントに対する根本的対応策を考える場合、過去の経験をもって判断をしてはなりません。組織は日々動いているということを忘れず、白紙の状態の気持ちで原因を模索していくことにより、意外なところに原因があることに気がつくことが多いといえます。
　ベテランで経験豊富なマネジャーになると「以前にも、同じようなことが起きたから」「○○の部門と同様のこと」といった会話は意外と多いのではないでしょうか。
　決して同じということはない、と思うことが必要です。ベテランであればあるほど、インシデントに対しては意識して白紙で向き合うことが必要となります。

4．リスク検討

⑩ ⑧を実施した際の、副次的発生リスクを検討する

■リスクは必ずある

　クレームやトラブルといったインシデントは、即応が必須といえます。目先の不具合の事象やトラブルを収める、もしくは解決するといった行為が、何よりも業務遂行上先決となります。インシデントを発生させた様々な要因に気を配る余裕はなく、とりあえず対処を行います。しかし、その対処を行うことによる影響は、必ずあると思わなければなりません。

　製品不備のクレームのために一時的にラインを止める、クレーム応対に人を貼り付けるなど、その場は良いのですが、そのことによる遅延や人員配置替えなど、大小のリスクを想定しなければなりません。そして、その様々なリスクの影響の度合いや範囲を、瞬時に考える習慣が必要となります。

　各人が業務をやりやすいように、思うまま業務の進め方を考えた結果、トラブルが発生したというインシデントに対して、多くの企業が均一的、精緻なマニュアルを検討することがあります。このような場合、手順は均一的になるのですが、マニュアル以外のことはやらない、ということが発生しやすくなるということが十分予測されます。

■リスクは忘れられる

　日常のクレームやトラブルといったインシデントは、とにかく収めるということに意識が傾注します。そして、収まるとホッと安堵し、とにかく平常の業務に戻すことに取り掛かります。そしてしばらく経ち、業務が淡々と平常に遂行されると、リスクは忘れ去られてしまっていることがほとんどといえます。

Ⅳ. インシデント・プロセスの手順

　クレームやトラブルの対応についてのマニュアルや記録は数多くあります。しかし、インシデント対応時の想定リスクを記録してあるマニュアルは、ほとんど見受けることがありません。結果として、人間の記憶に頼るしかないものとなっています。状況や登場人物が違ってくると、リスクへの感度は大きく違ってきます。

■リスクマネジメントの種類
　通常、リスクという言葉を使うことが多いですが、一般的にはリスクは下記のように分類定義されます。日常のインシデントへの対処は「危機管理」といわれるものですが、危機管理能力がどれだけ高くても、「リスクマネジメント」までもしっかりと意識して視座を広げておくことがマネジャーにとって重要な考え方となります。

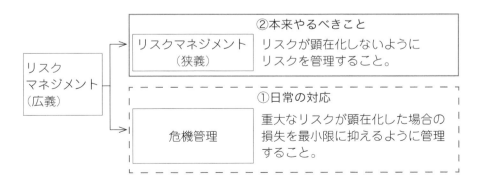

4．リスク検討

⑪ ⑨を実施した際の、副次的発生リスクを検討する

■根本的原因にかかわるリスクは大きい

　根本的原因の多くは、組織活動のコアに関わる要因が多いといえます。そのために、想定されるリスクも業務全体に与える影響度も大きいといえます。根本的原因に関わるリスクについては、リスクの影響度をしっかりと検討しなければならず、安易にやり過ごすことは避けなければなりません。

　原因の根っこが深ければ深いほど、組織に与える影響は大きいものです。また、深く多様な要因に複雑に絡み合った原因は、簡単に解決できるもののほうが少なく、時間がかかるともいえます。

　根本的原因に対するリスクは避けて通るということを考えず、抜本的解決策を検討することが必要です。根本的原因が、業務処理から経営という根本に近くなればなるほどリスクは大きくなります。

　企業組織・企業活動は複雑系の現れであるとか、場の空気の連続性であるともいわれるのは、インシデントの根本的原因の追及と解決策が容易ではないことを言っているものです。

　日常のインシデントに対する対応策は、前述のリスクマネジメントのうち、狭義のリスクマネジメントにあたるわけですが、それでさえ表面的に収まればよいということではなく、しっかりと根本的原因まで解決していくことが重要となります。

Ⅳ. インシデント・プロセスの手順

■根本的原因へのリスク対応は組織全体を鳥瞰する

いろいろな要素が関連している根本的原因に対応するには、要因の関連性を考えることになりますが、それは結果として組織全体を考えることになります。

リスクには、直接的に現れるものと、時間経過とともに現れるリスクがあります。特に、根本的原因への対応時のリスクでは、時間経過とともに現れるリスクの方が、組織にダメージを与えることになります。

・とある企業の事例です。

A社は精密機器の生産メーカーである。A社のコールセンターは納品先各社からの、納品物のクレームや利便性などの問い合わせの対応をしている。今年の春にコールセンター協会主催の電話応対コンクールに初めて参加したが、結果は最下位に近いものとなった。参加のきっかけは、「電話応対の際の口の利き方がぞんざいだ！」「言葉遣いがきつい！」等のクレームがあったことがきっかけとなっている。

コンクールの結果を受け、徹底して応対の訓練を行うようになった。その結果、次年度の電話応対コンクールでは上位の表彰を受けるまでになった。

……しかし、応対は言葉遣いが良くなり丁寧になったものの、応答率は一気に下がり続け、結果として放棄呼が増加し、また新たなクレームが急増することとなった。

→対処療法的な対策の結果としてのリスクの表出として考えられますが、事前に考えることは何故できなかったのでしょうか？

5．最適解決案策定

⑫ ⑩実施時の、リスク対応可能性を検討する

■リスク対応は、できるところから

　即応策を考えた際、目先の対応に注力することになりますが、その結果として、他のいろいろなリスクが発生します。あれもこれもと考えているうちに、何もできないということがよく起こります。すべてをできる人ばかりでないのが実態であるということを考えると、当事者間でできることから着手することを考えなければなりません。

　インシデントに直面した際によく起こる現象では、当事者として考えないで、他責として関与しようとする姿勢の人々が意外と多いものです。自分自身のこと、自分の部下のこと以外は、"それは、私たちの問題ではないですから""直接の担当者がやるべきだよ" などと、できれば関与したくないという姿勢をとることにより、インシデントである各種トラブルや問題を、結果としてさらに大きなリスクに発展させてしまっていることがあります。

　一般社員が"それはできない""う〜ん、違う人がやればよいのでは……"というのは場面によりやむをやないケースもありますが、マネジャーという立場である以上は、そのようなことは許されるはずもありません。

Ⅳ. インシデント・プロセスの手順

　リスク対応は、関係する多くの人々の理解がなければできません。当事者は、目先の事象を何とかしないといけないという気持ちでいっぱいですが、関連他部門の人々にとっては、自分のところに影響が出ないのであればと思って、非協力的になる場合があります。建前ではやらなければならないことが分かっていても、かかわりたくない、やりたくないということが、多くの方の本音ではないでしょうか。

　そのような事態はどの部門にもいつ発生するかわからないからこそ、マネジャーは、日常的に関連部門のマネジャーと意思疎通を図り、部門間連携による生産性向上強化に努めていなければならないといえ、結果として何らかのインシデントに対しては、迅速に相互連携のもと解決にあたるということが求められます。

■リスク対応は、段階を検討する

　目前のインシデントであるトラブルやクレームに対しては、すぐに手をつけるという行為が行われますが、安易に目先に手をつけることによって、クレームやトラブルが拡大するということがあります。発生しそうなリスクに気がついたときに、本当に手が打てるのかどうかを見極めることが必要となります。

　即応を求められるインシデントに対して、鎮静化だけでなく、想定されるリスクに対しては、発生してから慌てて対応することのないように、誰がどのように手を打つのかを事前に考えておくことが大切です。それにより結果として、誰がどのように手を打つのか瞬時に考えることができ、素早い対応となると同時に、被害を最小にとどめることができます。

5．最適解決案策定

⑬ ⑪実施時の、リスク対応可能性を検討する

■根本的原因に対応する場合、予想外のリスクがある

　根本的原因を掘り下げていくと、組織の仕組みそのものに原因があり、時間・コストが予想外なものになってしまうことに遭遇することがあります。その時、今回はそこまで考えなくても良いだろうということで、先送りにしていることが多く見受けられます。

　特に、表層的インシデントに対して、何らかの対策を打つことにより問題であるインシデントが収まった場合などは、先送りになるケースは数多く見受けられ、忘れたころに、表出の形態が違ったものとして問題となるようなインシデントが勃発することにつながります。

　根本的原因に対する対策を放置しておくと、自社内だけでなく、取引先や商材の原料調達にまで影響が及ぶことがあります。この時、社外にまで手が出せないということで見過ごすことがありますが、放置することにより、事業活動全般に及ぶような問題が再発する可能性を放置するということになりかねません。

　根本的原因に関連する組織内の各種要因の分析を曖昧なままにして、とりあえずといった対策のみで終わると、次にはこれまで以上のインシデントの発生が起こるということを強く認識しておくことが求められます。

Ⅳ. インシデント・プロセスの手順

■根本的原因に対応する場合、長期的視点で変革計画を立てる

　表層的原因に対する即応とは違い、根本的原因にはすぐに困ったということが感じられません。組織構造、業務プロセス、人員の質と量のバランス、組織文化、そして取引形態と事業全般にわたることが多いといえます。事業を行っていく上で、トラブルやクレームといった問題は避けて通ることができません。

　長期的視点で、根本的原因に、安易に手を打つことは、更なるリスクが発生する繰り返しとなります。そのためにも、計画的・継続的にリスクに向き合い確実に解決していくことが、リスクへの対応力となります。

　企業にとって長期的リスクへの対応は、戦略そのものともいえ、資源配分やビジネスモデルの組み換えなども視野に入れることにつながります。

5．最適解決案策定

⑭ ⑫⑬を総合的に考えて、最適解決策を検討する

■最適解決策には判断基準が必要

いろいろな場面で常に何らかの判断・意思決定を強いられるのが、マネジャーの役割といえますが、その置かれている立場、役割、そしてその時の状況で最適解決策を検討することになります。同じ状況下においても、判断・意思決定をする人によって違いが出てくるのが通常といえます。

人によって判断・意思決定基準に違いがあることを理解していくと、可能な限り、企業としての最適解決策のブレを少なくしていかなければなりません。そのためには、企業としての判断基準を持つことが求められます。通常、重要性、緊急性、影響度、主体的関与度など、誰もが理解できる基準を持つことが必要となり、その明示の仕方が組織としての柔軟性の状況を示すことにもつながります。

どのようなインシデントにおいても、最優先の判断基準は顧客であることは忘れてはなりません。つい、自社の都合を優先して最適解決策を考えてしまうことは、多くの企業で散見され、結果として後々、大きなダメージを受けることになります。

インフラ事業や、直接エンドユーザーとの接触がない企業では、日頃から顧客の顔が見えにくく、ややもすると自社都合での業務遂行になりがちです。そのような企業におけるインシデント発生時の意思決定基準の多くが、自社都合であることは意外と多いものです。

Ⅳ. インシデント・プロセスの手順

■目先、中期的最適解決策両方を考える

　日常のインシデントへの対応は、直面するトラブル、クレームを収めるということが中心となりますが、目先の対応が中期的対応に影響を与えることを忘れてはなりません。ややもすると収めるという意識が強くなりがちで、決定事項や基準が後々に影響を与えることが多く見受けられます。特に組織としての歴史が長く、組織文化が硬直化しがちな組織では、先例として取り扱われてしまう懸念があることを念頭に置く必要があります。

　日常のインシデントなどに対しては時間的制約が大きく、時間が判断に大きな影響を与えますが、可能な限り一旦立ち止まり、その後の影響などを考え、迅速に判断・意思決定を行っていくことが求められます。また、急を要するインシデントの判断の場合においても、その後に再度、今後に向けての取り組みの基本方針を明確にしていくことは重要となります。

６．予応策案出

⑮類似インシデントを、
　カテゴリー（物理的、思考プロセス等）毎に洗い出す

■インシデントは書き出して貯める

　職場で日常発生する数多くのインシデントについて、単に即応するということだけではなく、ドキュメント化・データベース化することが、結果として現場の力を強くすることになります。

　数多くのトラブル、クレームを経験している企業は強い、とよく言われますが、単に数が多いだけでは強くはなりません。ここでいう、経験を有している企業が強いというのは、経験者が組織内に在職をしているということが前提となり、近年のように組織の従業員の構成比率がピラミッド化せずに、高齢化・変形化してくると、個々人の経験を組織としていかに蓄積してきているかが不測事の企業力の優劣を決定づけることになります。

　近年多くの企業が頭を悩ましていることの一つとして、高齢化が取り上げられています。単に高齢化で若年層が不足しているということではなく、共通的課題としては、高齢者といわれる人々の多様な経験や知恵が消滅していくということです。誰もが解っていながら、多くの企業は、大変だというだけで具体的取り組みに着手していないのが実態ではないでしょうか。

　過去の出来事や対策を洗い出し、ＡＩを含めたシステム化に着手し始めている企業も見受けられますが、過去の同一のインシデントには対応可能であっても、類似のインシデントには対応ができないといえます。意思決定の参考情報にはなりうるものの、最終的には当事者であるマネジャーが最適解決策を導き出さなければなりません。

Ⅳ. インシデント・プロセスの手順

　データの蓄積や分析、マイニングといった取り組みは重要ですが、その前段としては、インシデントが発生した都度デジタルデータとしての文字などのコンテンツ情報を作ることが存在しないことには着手できません。

　最も身近な取り組みとしては、マネジャーがインシデントに遭遇し最適解決策を導き出したのちに、インシデントとなる出来事などをしっかりと書き起こすということになります。

　インシデントを書き出すという際に留意しなければならないのは、まとめる、要約する、似ているから片方をカットする、ということは避けなければなりません。全てを話し言葉で、事象をそのまま書く、ということを忘れてはなりません。何故ならば、まとめるということは分かりやすく感じてしまうだけで、実際にはリアルな状況がイメージ化できず、活用できないものとなってしまいます。

　■カテゴリに環境要素を加味する

　書き出されたインシデントはカテゴリー化してまとめることが必要です。カテゴリーに分類する際に、いくつかのカテゴリーにまたがるものがある場合は、どちらかにするのではなく、またがったカテゴリーの全てに蓄積することが必要です。カテゴリー化する際に忘れがちなのは、そのインシデント発生時の環境要素を必ず加味することです。環境の違いによってインシデントの意味や背景が変わってくると同時に、その後の対応にも違いが出てくるものです。

6．予応策案出

⑯ ⑮のインシデント毎の予応策を検討する

■予応力が現場力を決める

　日常のインシデントに対応することは当然重要といえますが、予期せぬインシデントには誰もが右往左往することになります。それは時間を要するということだけではなく、精神的にも負担を強いることになります。目先の業務を中断して、インシデントに即応するということは、結果としてどれだけより良い対応ができたとしても、機会損失を含めると、大きな損失となります。

　ベテラン社員や経験豊富なマネジャーは、不測のインシデントに対して多様な経験や勘を駆使して迅速な対応を行うことができますが、そうではないマネジャーにとっては、悩み、右往左往し、バタバタと時間がかかる対応となりかねません。

　ベテランや経験豊富なマネジャーが優秀であるということを否定はしませんが、組織としてのノウハウの蓄積ができていないということの裏返しともいえます。

　現場力とは何かを考えていくと、現場における様々な出来事に、迅速かつ果敢に向かい、決断を繰り返すことができ、最適な結果を獲得することといえます。そのためには、目先のインシデントに振り回されることなく、冷静に事を進めていくことができることが求められます。常に、何が起きても大丈夫という意識と仕組み作りを怠らないこと、といえます。そしてそれは、個人の経験に依存していない組織状態になっていることを指しています。

IV. インシデント・プロセスの手順

■予応策を検討することは、社員を成長させる

　様々なインシデントに対する予応策は、一部の社員で考えるのではなく、可能な限り多くの社員の参画のもと検討することが好ましいといえます。そのことにより、全てのインシデントは社員一人ひとり自分自身の問題であるという意識を醸成するだけではなく、社員の問題解決能力の強化に大きな効果をもたらします。

　あんなことがある、こんなことがある、といった程度であっても、考えてみることにより、その時に自分だったらどうするのか、どのような対策を打つのか、についてインシデントを考えると同時に、対策を無意識に考えることになります。

　インシデント・プロセスの特徴の一つは、どの階層であっても、それぞれの階層におけるインシデントが必ずあるということです。

　例えば、1～2年目の社員のインシデントなどはマネジャーやベテラン社員から見ると、そんなレベルのインシデントなど！　と思ってしまうかもしれませんが、当事者である1～2年目社員からすると、大きなインシデントといえるのです。

　予応策検討時においては、ややもすると、上位層の人々は下位層の検討したものに対して、否定的指摘を行うことが多く見受けられます。確かに、上位層から見れば稚拙で不十分な予応策が多いかもしれませんが、否定の繰り返しではやる気を削ぐ結果につながります。基本は、良いところを褒め、足りないところに気づかせる、ということを忍耐強く、継続的に行っていくことが求められます。

6. 予応策案出

⑰ 予兆発生時の、見極め基準を検討する

■インシデントのトリガーポイントは共通認識

　毎日のように職場では問題となるインシデントが発生しています。その時その時で事象は違うとはいえ、類似のインシデントが多いといえます。その時に、関与する人それぞれが自己の判断でこれで良いと思う判断をしていては、企業として大きな損失が出ることがあります。インシデントには、「何が、どのような状態になった時に、誰が、どのような行動を起こすか」という基準を明確にする必要があります。

■インシデントのトリガーポイントは明示化する

　「何が、どのような状態になった時に、誰が、どのような行動を起こすか」という基準を明確にすることはもとより、誰もが見られる状態にしておく、ということが重要といえます。誰もが、インシデントの予兆を同じように感じることはありません。個々人の物の見方、経験、そして価値観などにより、予兆の感じ方は違うといえることから、予兆察知の基準となるトリガーポイントを決めておくことは、企業としての危機管理からも重要といえます。全てのインシデントが発生するには、何らかの予兆があるといえます。予兆が発生した際に、誰に、どのような形式で報告するのか、もしくはどのような判断を行い対応するのか、を明示することにより、組織としての様々なインシデントに対する損失を最小限に抑えることができます。

Ⅳ．インシデント・プロセスの手順

　インシデントの、トリガーポイントは適時見直しを図ることが必要です。特に類似のインシデントが発生し、対応が済んだあとに、トリガーポイントは妥当であったか、連絡対応のフローは大丈夫か、ということについて見直しを図ることが必要です。これは、見直すという行為によって、社員に対する危機意識の醸成を図ることにもつながります。

・とある企業の出来事です。
　A社は、通信設備の工事を主として行っている会社です。建物の外に設置された各種設備のメンテナンスや交換工事を主としている山田さんは学校を出てからこの道一筋の大ベテランです。ある時、若手社員である鳥井君を連れて機器の点検に行った時のことです。山田さんが「おい、見てみろ。この、フィルターの色がくすんでいるだろう。これがくすみはじめると、2〜3ヵ月以内に断線を起こすからな。交換の用意をしとけよ」。若手の鳥井さんは「え！　でも、そんなことマニュアルに書いてませんし、研修でも言ってなかったですよ」。すると山田さんは「何言ってるんだ、そんなんは経験を踏めばわかるようになるんだ。習ったのは断線してからの修理のやり方だろう。断線してからじゃ、遅いんだよ」。鳥井君は感心すると同時に、そんなに大事なことなら何故教えたり、マニュアルに書いてないんだろう、と疑問を感じました。

　　→このようなことこそ、インシデントとしての予兆として記録を取っておくことが必要なのではないでしょうか。なぜ、会社としてやっていなかったのでしょうか？

6．予応策案出

⑱ 予兆発生時の、具体的行動プロセスを検討する

■行動の基本プロセスは順守する

インシデントへの対応には、状況によって様々な対応が求められることになります。しかし、状況対応ということを優先しすぎると、本当に重要な事項を見落とし、たんに火消しに走ってしまう懸念があります。インシデントに対するトリガーを見出してからの行動プロセスには抜け漏れのないように検討されたものであるということを考えると、基本プロセスを遵守する、ということを意識することが求められます。

基本プロセスとは違った行動プロセスを取ることの方が実際には多いといえますが、対応が終わった後に、基本行動プロセスの見直しの検討を必ず行うことが重要です。単にイレギュラーとしての対応行動であったのか、基本プロセスそのものに不具合があるのかを再検討することは、次のインシデントへの対応に大きな影響を与えることになります。

多くの企業で、災害時の報告手順などが壁に貼ってあります。それと同様に、ファイル化されたインシデントに対しても、対策手順などは可能な範囲で、事前に検討しておくことが求められます。

■行動プロセスには、発生からの時間を入れる

インシデントの発生、もしくは予兆発見からの行動には、誰が何を、どのように、行動していったかについては、経過時間を細かく記録しておくことが求められます。インシデントによっては、時間経過が結果に大きな影響を与える場合があります。関与者によっては、重要度の判断基準が変わってくることも多々ありますので、時間経過を目安として入れることは、インシデントの重要性認識にも大きな役割を果たすことになります。

Ⅳ．インシデント・プロセスの手順

・とある企業の事例です。

【背景情報】
A社はトラックを中心とした物流会社である。主として、食品製造メーカーに原料の輸送を行っている。
貴方は、A社の物流担当役員である。日曜の午後、携帯電話が着信音を鳴らした。

【インシデント】
電話を取ってみると、関東エリア担当の部長からであった。
部長「取締役、大変です。○○地域で我社のトラックが交通事故を起こしたようです。どうも死者が出ているようです。どうしましょう？」
貴方「事故って、具体的に何時のことだ。もっと詳細が解らないのか。至急確認して連絡を下さい」

(15分後)
部長「取締役、事故の状況が、およそ解りました。どうすればよいですか」
と次の様な内容の報告をうけた。

６．予応策案出

・積み荷は、メインの顧客へ納品予定の材料であり、事故は、納入場所にあと数キロの国道で起き、その顧客の会社名が印刷された段ボールが事故現場に散乱している。
その顧客は、
「地元での事故で、自社の社名が入っている段ボールが散乱している状態では企業イメージが大幅にダウンしてしまう。また、明日からの生産に大きな影響を与えてしまう。どうしてくれるのだ」
とものすごく怒っている。
　※このメインの顧客との取引は、Ａ社の取引全体の三分の一強を占めており、この顧客との取引が中止されればＡ社は存続が危ぶまれる。
・事故の相手は家族が乗った乗用車で、大人一人が死亡、三人が重傷のようです。

→貴方は、このインシデントの対応役員としてどのような対策を考えますか。
→何故このようなインシデントが発生したのでしょう
→原因はなんでしょう
→予兆はなかったのでしょうか

V

実際のインシデントケースから学ぶ

■事例の検討

ここでは、企業で実際に発生したインシデントの事例を記載しています。

あなただったらどのように対応しますか。

Ⅴ．実際のインシデントケースから学ぶ

◆ケース１：ご飯が炊けていません！

【背景情報】
　仕出弁当屋の「まるやま」では、毎日大口の弁当を作っている。多い時には一日に二万食の弁当を作ることさえある。
　調理、焼き物、煮物等、それぞれの担当が自分の役割をしっかりと行っている。
　弁当の主役ともいえる「炊飯」は重要な役割でベテランの社員が行っている。
　炊飯は「五升炊」の釜が約40分間かけてコンベア式の機械で連続して流れてくるものである。
　私は、チーフとして働いている。工場にはベルトコンベアが置かれていて、流れてきた弁当箱に担当者がそれぞれおかずを入れていく形式になっている。私は白飯を入れる業務を担当している。

【出来事】
　今日は、大量注文が入り、11時までに3000個の弁当を作らなければならなくなった。皆、朝6時から必死で業務にとりかかっていた。
　今は9時半、2000個程度の弁当ができ上がり、あとは時間との闘いという段階になって、私の後ろで、白飯を補給していた同僚が大声をあげた。
「大変です。今、炊飯器を開けたら、ご飯が炊けていません！　どうしましょう？」

◆ケース２：オレンジ商事の印鑑がない！

【背景情報】

　私は、ある自動車ディーラーの営業のマネジャーである。毎月ノルマに追われ、部下の営業担当者に檄を飛ばしている。部下の山本君はトップセールスマンである。

　売り上げが高い分、事務仕事も多いのだが、事務仕事は正直言って苦手である。昨日は朝から机に向かい、たまった書類作成業務に取り組んでいた。

　突然、得意先のミドリ不動産から山本君に電話がかかってきた。

「年度末までに社用車を五台用意することになったんで、新車を注文するよ。超特急で納車してほしい」

　大口の注文であり、急ぎの話だったため、書類を慌てて引き出しに片づけて、ミドリ不動産に行った。

　今朝、出社して、引き出しに片づけた書類を取り出し、作業の続きを始めた。押印しようとした時、昨日ここで使っていた印鑑がないことに気づいた。

【出来事】

「課長、僕の机の上に置いてあったオレンジ商事の印鑑を知りませんか？」

「知らないよ。それより、なんでお前がお客様の印鑑を持っているんだ？」

「押印するのがめんどうだからって、向こうの社長さんが僕に預けたんですよ」

「何言ってるんだ。お客様の印鑑を預かってはいけないことになってるだろ！」

「でも、お得意さんからお願いされたんで……」

「それより、印鑑、どこへやったんだ！」

　＊お客様の印鑑を預かることは禁止されている。

Ⅴ. 実際のインシデントケースから学ぶ

◆ケース３：故障回復が長時間となってしまった

・突然、自社システムサービス利用ユーザの一拠点で、システムダウンとなるトラブルが発生したという連絡が入った。
すぐに故障箇所特定のため、設計側、運用保守側相互の故障受付部門にシステムテストを依頼し、自部門では、各関連各部門の担当者間で情報を共有し、あらゆる対応を検討に入った。

・故障受付部門からの回答は、
「システムＯＫ（アラームなし）」
「運用ＯＫ（自社設計までの動作ＯＫ）」
であり、故障箇所が特定できなかった。

・自部門でできる対応（故障実績の多い箇所）を優先し、機器交換を実施したが回復しなかったため、設計側の詳細な試験を他部門にも再度依頼したが、他部門から「何度やってもわからないんだ。どうしろと言うんだ」といった返答が返ってきた。

◆ケース４：どうしたら良いのか？
　　　　お客様のからの夜間の故障連絡

　社員が全て帰宅した夜 20 時に、事務所にお客様Ａから受発注システムが繋がらなくなったと連絡が入った。
　担当者に連絡を取り、至急対応してほしい旨を伝えるが自宅で既に晩酌をしており、現場に駆け付けることができないという返事だった。
　お客様Ａも数年前に構築した受発注システムということで、構成を忘れ書類が見つからないとのこと。
　現地対応できる担当者がいない中、お客様からはとりあえずの回復を依頼する電話が鳴り続ける。
　対応できる人を探すが
　　　・対応可能なＳＥ不在。
　　　・構築時の部署も誰も捕まらない状況となった。

どうしたら良いのか？

Ⅴ. 実際のインシデントケースから学ぶ

■インシデント・ケースの分析方法

　今、ご覧いただいた四つのケース、あなたはどのように状況を整理し、問題解決策を策定しましたか？

　発生している問題の原因には前述したとおり表層的原因と根本的原因の二つがあります。頭の中で整理するのではなく、インシデントを整理・構造化するシートを活用することで、効率的な整理と、より効果的な解決策の策定が可能なります。
　そのインシデント・プロセスの簡易分析シート例を次頁に掲載しました。
　そのシートに従って四つのケースを整理・分析してみましょう。

インシデント・プロセス簡易分析シート (1)

原因 (表層的原因)

対策 (対処策)

原因 (根本的原因)

対策 (根本的対策)

V. 実際のインシデントケースから学ぶ

インシデント・プロセス簡易分析シート (2)

原因(表層的原因)	影響	緊急	比重	総合

具体的対策(対処策)	実現性	主体性

発生リスク	影響度	排除度

原因(表層的原因)	一時的原因	二次的原因(根本的原因)	関連
	A1	A1-①	
		A1-②	
	A2	A2-①	
		A2-②	
B	B1	B1-①	
		B1-②	
	B2	B2-①	
		B2-②	

予兆の感知	誰に	手段

放置リスク	影響度	排除度

具体的対策(根本的対策)	実現性	主体性

発生リスク	影響度	排除度

■インシデント・プロセス　簡易分析シート (1)

原因（表層的原因）	対策（対処策）
①	②

原因（根本的原因）	対策（根本的対策）
③	④

Ⅴ．実際のインシデントケースから学ぶ

① 原因（表層的原因）
- 問題といえるインシデントに対して、質問により収集した情報を元に、とりあえず問題の原因を特定する。
- インシデントを放置する訳にはいかないことから、現在想定される原因は何か、すぐに取り除かなければならない原因について、気が付くものを列挙する。

② 対策（対処策）
- 問題として発生しているインシデントを、迅速に治める、または除去するための対処策を考える。
- 対処策は一つに限定するのではなく、思いつくものすべてを列挙し、とりあえず優先順位をつけ、自分が関与可能なものから手を打つ。

③ 原因（根本的原因）
- 表層的原因に対して対処策を検討し、手を打った後、問題となるインシデントの本質的原因は何かを深く検討する。
- 本質的原因の多くが、単一要素ではないことから網羅性と関連性を考え、最も大きな要因を導き出す。

④ 対策（根本的原因）
- 検討された根本的原因にたいして、将来再発のないように対策を検討する。
- その場合、根本的原因の主要因は複雑に絡み合っていることが多いことから、対策の検討には容易な対策ではなく、関連する各種要因に対しても対策を検討しなければならない。

■インシデント・プロセス　簡易分析シート(2)

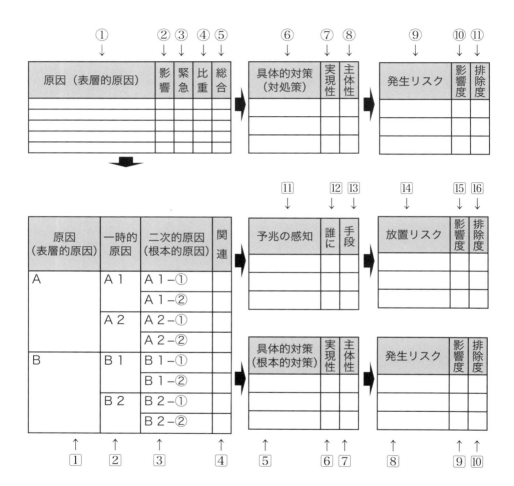

Ⅴ．実際のインシデントケースから学ぶ

① 原因（表層的原因）
- 問題といえるインシデントのすぐに思いつく原因を列挙する。原因は複数考えられることが多く、可能な限り列挙し、その中から、本当の原因ではないかと考えられるものを上から書く。
  （原因に優先順位をつけて、3～4つの原因に絞り込む）

　①で列挙した原因毎に、②～④について横に一つずつ検討する。
② 影響
- 影響は、業務に及ぼす影響のレベルを〔◎、○、△〕で評価する。

③ 緊急
- 緊急は、業務への影響の緊急度合いを示すものであり、そのレベルを〔◎、○、△〕で評価する。

④ 比重
- 比重は、業務に対しての重さであり、その原因の重要度ともいえる。そしてそのレベルを〔◎、○、△〕で評価する。

⑤ 総合
- 複数想定された原因に対して、②③④の評価全体を見て、原因の総合的重要度を評価する。
  その評価は、〔◎、○、△〕、もしくは着手する順位として〔1、2、3〕で行う。

⑥ 具体的対策（対処策）

・ ⑤の総合評価のウエイトの高いものについては、すぐに対処策を検討することになる。

・ 対処策は、可能な限り具体的、行動レベルでの内容を検討することが求められる。

⑦ 実現性

・ どのように深く検討された対処策であっても、着手不可能なものであっては意味がない。案出された対処策に対して本当に実現できるか（着手し、問題を解決できると思うか）を〔◎、○、△〕で評価する。

⑧ 主体性

・ 具体的対処策に対して、評論家的立場ではなく、当事者としての意識を持ち、主体的、積極的に解決行動が取れるかについて〔◎、○、△〕で評価する。

・ △という評価である場合はにおいては、ややもすると評論家的関与になりがちであり、解決行動は困難となる可能性が想定される。

⑨ 発生リスク

・ 対処策は、表出したインシデントの解決策であり、対処の結果、インシデントである問題は解決することになる。しかし、多くの場合、対処策は組織内外に対して、想定外の影響を及ぼすことがある。
（報告を口頭ではなく文書に残す
　→文書を書く時間が多くなり、本来業務が滞る
　→文書報告を行えば良いということから、口頭報告がなくなる）

Ⅴ. 実際のインシデントケースから学ぶ

⑩ 影響度
- 些細なリスクであっても業務に影響は必ずあるといえることから、リスクの度合いを想定しておかなければならない。
- 業務に対してのリスクの影響度を〔◎、○、△〕で評価する。

⑪ 排除度
- 事前にリスクが想定可能であるならば、業務への影響が出る前に排除することが求められる。
- その排除の可能性について〔◎、○、△〕で評価する。

① 原因（表層的原因）

- 簡易分析シート⑵の上段の表層的原因の総合評価の高いものについて１〜２を取り上げて、原因の深掘りを行うための転記の欄である。

②③ 一次的原因／二次的原因

- 原因を追及し、根本的原因を探すことになるが、「一次的原因」は「二次的原因」はと「何故」「何故」、もしくは「原因の原因は」というように深く掘り下げて分析を行い、これ以上の原因はないと思われるまで行う。そして、これ以上の原因はないという「真因」までを見出す。

④ 関連

- 組織における各種問題といえるインシデントの原因は複雑に絡み合っているといえ、真因についても、他の原因と多種多様な関連性を持っている。
- 原因間で関連性が想定されるものについては、線で結ぶなど、解りやすくし、原因への対応策の抜け漏れをなくすようにする。

⑤〜⑩ 具体的対策（根本的対策）／発生リスク

- 簡易分析シート上段と同様に進めるが、④の原因の関連性の多いものから対処策を検討することになる。

Ⅴ．実際のインシデントケースから学ぶ

⑪ 予兆の感知
- 組織に発生する問題といえるインシデントは、多くの場合突発的に起きるといわれるが、何らの予兆もなく発生していることは実は少ない。
- 必ず何らかの予兆を示していることの方が多いといえるが、日々の業務の忙しさや、慣れの中で見落としている各種事象の中に、問題発生の予兆が存在している。
- マネジャーとして予兆を感知することは、発生後の対策より重要といえることから、実際に発生したインシデントの予兆を可能な限り洗い出すことは極めて重要であり、「何をもって予兆といえるか」「このような事象が発生していたら」と考えられるものを予兆の感知に書き出す。

⑫ 誰に
- 何らかの問題といえる予兆を感知した場合、自分一人で対応するのではなく関係する人々に連絡しておくことが求められる。それは、実際に発生してから皆が対策に追われ、業務に支障がないように、事前の対策を検討することになり、危機管理能力の強化にも繋がる。

⑬ 手段
- 予兆が感知できたら、関係する人々にどのような手段・方法にて連絡するかは事前に検討し、関係者相互に確認し合っておくことが望ましい。

⑭～⑯ 放置リスク
- 簡易分析シート上段と同様に進めるが、⑮ ⑯は関係者との話し合いのもと決定する方が望ましい。

■ケース1の分析例

まずインシデント・プロセス簡易分析シート(1)を使って整理・分析した記入例はどのような手順で記入していったのか、説明します。

原因（表層的原因）		対策（対処策）
・ご飯が炊けていない		・代わりのご飯を用意する 　　同業者に融通してもらう 　　出来合い品を購入する 　　冷食で対応する ・急いで炊飯する

原因（根本的原因）		対策（根本的対策）
・スイッチを入れ忘れた		・炊飯手順を掲示して、手順に従って作業する ・スイッチを投入したら「炊飯中」の札をかける ・スイッチ投入時にダブルチェックをする ・スイッチを入れるまで音や光で注意喚起する

Ⅴ. 実際のインシデントケースから学ぶ

① 表層的原因の拾い出し
　このケースの表層的原因は「ご飯が炊けていない」ということです。これを左上の表層的原因に書き出します。

② 根本的原因の考察
　今回のケースでは情報量が限られているので根本的原因を特定することは難しいかもしれませんが、「炊飯器を開けたらご飯が炊けていない」とあるので、炊飯器のスイッチを入れていないことが導きだされます。

③ 表層的原因の対策（対処策）を考える
　発生している問題に対して、すぐに対応する場合は、どのような対策が考えられるのか、当座の問題解決策を考えます。
　今回のケースに対する記入例では、残り1000食分のご飯を早急に準備する手段として二つの即応策を考えました。
　代わりのご飯を用意する手段も、複数の選択肢を考えています。

④ 対処策の優先順位を考える
　複数の対処策に対して、取り組む優先順位付けをすることで現場を混乱させないようにします。優先順位付けする際には、複数の評価項目で即応策を評価します。
　　評価項目例：取り組みの容易性
　　　　　　　　問題解決の確実性
　　　　　　　　費用負担の少なさ
このように評価項目を設定して評価することをスクリーニングと言います。

⑤ 本質的対策を考えます。

　スイッチを入れ忘れたという根本的原因に対して、本来は「なぜ入れ忘れたのか」とさらに原因を掘り下げていく場合もありますが、今回は「スイッチの入れ忘れ」を根本的問題として根本的対応策を検討します。

・炊飯手順を掲示して、手順に従って作業するようにする
・スイッチを投入したら「炊飯中」の札をかける
・スイッチ投入時にダブルチェックをする
・スイッチを入れるまで音や光で注意喚起する

⑥ 根本的対応策の優先順位を策定する

　対処策の優先順位付けと同様に、スクリーニングによって優先順位付けをします。

Ⅴ. 実際のインシデントケースから学ぶ

　次に、インシデント・プロセス簡易分析シート(2)を使ってみましょう。
　このシートは、表層的原因のスクリーニング、表層的原因から根本的原因に向かうプロセス、リスクの想定、そしてインシデントが発生する予兆（インシデントが発生する兆し）を整理記入することができます。

原因（表層的原因）

原因（表層的原因）	影響度	緊急	比重	総合
ご飯が炊けていない	5	5	5	15
△△△	3	5	2	10
○○○	4	3	2	9

原因分析

原因（表層的原因）	一時的原因	二次的原因（根本的原因）	比重
ご飯が炊けていない	A1 スイッチが入っていなかった	A1-① スイッチを入れ忘れた	
		A1-② スイッチの押し下げが弱かった	
	A2 電源コードが入っていなかった	A2-① コードが抜けた	
		A2-② コードを差していなかった	
B	B1	B1-①	
		B1-②	
	B2	B2-①	
		B2-②	

対処策・発生リスク

具体的対策（対処策）	実現性	主体性	発生リスク	影響度	排除度
代わりのご飯を用意する	2	3	時間に間に合わない	5	1
急いで炊飯する	5	5	味が落ちる	3	5

予兆の感知・放置リスク

予兆の感知	誰に	手段	放置リスク	影響度	排除度
複数作業を一人で担当している			お弁当を届けられない	5	1
普段より注文が多い			代替ご飯の追加費用発生	4	5
			お客様の信用を失う	5	5

根本的対策・発生リスク

具体的対策（根本的対策）	実現性	主体性	発生リスク	影響度	排除度
手順書の掲示と指さし確認	4	5	ならいチェックの発生	3	5
ダブルチェック	5	5	チェックの負担増	2	3
光と音で注意喚起	1	3			

Ⅴ．実際のインシデントケースから学ぶ

① 表層的原因の記入とスクリーニング
　　複数の表層的原因がある場合は、評価項目を設定して評価します。総合点の高かった項目に対して本質的原因を掘り下げていきます。

② 点数の一番高かった表層的原因に対して
　　具体的対策の策定と評価
　　具体的対策を考えだしたら、取り組みの優先順位の指針とするためにスクリーニングを実施します。

③ 実施する対策のリスク想定
　　優先的に取り組む具体策に取り組むにあたって発生が想定されるリスクを抽出します。そして、リスク発生の可能性を評価します。

　表層的原因から対処策・発生リスクが整理できたら、根本的原因の考察に入っていきます。

① 一次的原因の拾い出し
　　ご飯が炊けていないということは「スイッチが入っていなかった」からです。この表層的原因の直接的な要因（引き金）は「スイッチが入っていない」となります。

② 二次的原因の考察
　　二次的原因は、スイッチが入っていなかったのは何故？　と原因を掘り下げ、二次的原因（根本的原因）を明らかにし、Ａ１―①に記入します。

③ 想定原因の抽出

　　スイッチが入っていないという原因に対して、想定される別の原因を
抽出しＡ１―②に記入します。これは、予兆感知の材料となります。
同様に、表層的原因に対する想定原因をＡ２に抽出し、根本的原因を
掘り下げます。

④ 根本的原因の予兆を考察

　　どのような状況下であると根本的原因が発生しやすいのか、業務内容
や作業状況を想起しながら書き出します。

⑤ 予兆を放置し、根本的原因を発生させた場合のリスクを想定

　　予兆を感知しているにも拘わらず何ら対処することなく放置し、根本
的原因が発生した場合のリスクを書き出します。

⑥ 根本的原因に対する根本的対応策の検討

　　「スイッチを入れ忘れた」という根本的原因の対応策を検討し、対応策
の有効性についてスクリーニングを行います。

⑦ 根本的対応策実行時のリスクを想定

　　例示ではダブルチェックという根本的対応策を実行する際に留意して
おくリスクを洗い出します。例では「ならいチェック」（二次チェック
者が一次チェック者のチェックを信用して、実質的に二次チェックを怠るこ
と）の負担増を挙げています。

参考資料

ケーススタディの手引書

一般的ケーススタディの学習について

本手引きは、故坂井正廣先生（青山学院大学）の指導の元、
岡部泉が作成したものである。

1. ケース・メソッドとは

「ケース・メソッド」とは1880年代にハーバード・ロー・スクールで開発されました。日本に本格的に導入されたのは50年ほど前です。プロフェッショナル・マネジャーや経営者など、実践的な管理能力の育成を目的とした学習手法です。

(1) ケース・メソッドの目的

ケース・メソッドは、クラス参加者全員によるケース・ディスカッション（討議）を中心として進められます。講師は参加者の思考と発言を促進し、ケース・ディスカッションを建設的な方向に導きます。ただし、ケースに内在する問題や課題の正解をクラス参加者に提供することはしません。

ケース・ディスカッション	
【講　師】 ○：討議を建設的な方向へ導く ×：問題点や回答をそのまま提示しない	【参加者】 思考し、討議を行う

図表1：ケース・メソッドの目的

【参考資料】ケーススタディの手引書

(2) 参加者の姿勢

　ケース・ディスカッションへの参加者は、ケースの状況に主体的に身を置いて、自分の意見を自由に、かつ積極的に開示しなければなりません。一方で、自説に対する他からの質問や批判があれば弁明を行ったり、時には参加者の意見を素直に受容して、自らの意見を修正したりすることが求められます。このようにダイナミックなディスカッションの過程を経ることで、より相互啓発が図られます（図表2）。

　通常、自分一人でケースを分析すると、そのときに自分では最善と思われた解決策も、他の参加者の経験や考え方の視点でみると、重要な要素を見落としている場合があります。参加者全員がケースに含まれる問題に対して、より良い解決策の創出に向かってお互いに貢献し、協力し合うことが望ましい態度です。

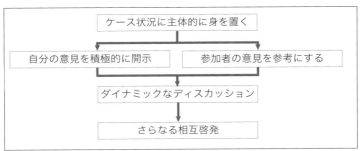

図表2：ケース・ディスカッションへの参加者の姿勢と効果

⑶ 学習効果

ケース・ディスカッションによる学習効果は、各参加者がどれだけケース・ディスカッションに積極的に参加するかによって変わってきます。ケース・ディスカッションがどれだけ白熱し、建設的な議論が起こるかにかかっているといえます。

講師がひたすら知識付与を目的として話すような一方的な講義方式に慣れた人々には、最初はケース・メソッドによるマネジメント教育は戸惑いを覚えるかもしれません。何回かのケース・ディスカッションを繰り返すなかで、ケース・メソッドの奥深い討論からマネジメントに対する興味が湧き起こり、参加する喜びさえ感じるようになります（図表3）。

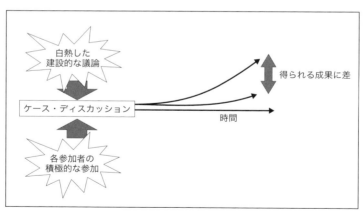

図表3：ケーススタディの充実度によって、成果に差が出る

【参考資料】ケーススタディの手引書

2．ケース・メソッドから学ぶポイント

(1) ケース・メソッドによるマネジメント教育の特質

①参加者が主体的に討議に参加して内在する事実を確認し合い、相互に意見を交換することで、問題解決のための最適な意思決定を導き出します。
②限られた時間内に全体状況を把握し、問題を抽出・整理し、分析するという手法を学びます。
③積極的に議論に参加することで、説得力を身につけ、人前で話す技術を修得します。
④特定の実務経験しかもたない各参加者がケースを通じ、さまざまな企業組織における内部状況を知ることで、企業に対する広い柔軟な視点を養成します。
⑤これまで学習した理論としての知識を、リアルなケース分析に応用することにより、知恵への転換と蓄積が図られます。
⑥ケース・ディスカッションを重ねるなかで討議が活発化し、核心を突く議論までのスピードが速くなります。

⑵ 期待される教育効果

①ケースに出てくる経営状況を分析することで、多面的な「分析能力」
　が向上します。

②意思決定すべき問題に影響する諸要因を考慮し、重要な要因とそうで
　ない要因とを識別し、それぞれの要因の意味を評価し、採るべき行動
　を考え出さなければなりません。そのような検討のプロセスを通じて
　「論理的に思考する技能」、「事実分析と評価の技能」、「意思決定に必
　要な結論を引き出す技能」が育成されます。

③集団討議を通じて、「的確な質問能力」と「自説を正しいものとして
　他人に受け入れさせる説得能力」が育成されます。

④さまざまな知識や経験、思考方法をもつ参加者が討議するなかで、多
　様な知識が収集され、それを自分の考えのなかに取り込んだり批判的
　に考えたりすることで、「マネジメント上の新たな観点」が創造され
　ます。

【参考資料】ケーススタディの手引書

3．ケース分析の着眼点

(1) ケース分析のための準備と分析ステップ

　ケース分析の準備に当たっては「正当な質問をする能力（the ability to ask the right questions）」の育成が特に問題とされています。「トップ・マネジャーの仕事の90％が有効な質問をすることである」といわれています。答えそのものは比較的見出しやすいが、良い質問をすることは困難なことであり、きわめて重要な技能といえます。

　ケース分析に当たっては、本来自らがそのケースに対しての適切な質問を考え、質問を作成していかなければなりません。

　たとえば、次のような質問はすべてのケース分析に適用できるものです。

① 主人公は誰か？
② 主人公の隠された、あるいは明確な目的は何か？
③ どのような明確な、あるいは暗黙の決定をしなければならないのか？
④ 主人公として、どのような問題、機会、また危険に直面しているのか？
⑤ 意思決定に役立つ、どのような証拠があるのか？
⑥ その証拠は信頼でき、偏見に基づいていないのか？　また、強化できるのか？
⑦ どのような代替行動案があるのか？
⑧ どのような基準によって、代替行動案を評価すべきか？
⑨ どのような行動をとるべきか？
⑩ 自分のアプローチが最善のものであることを、どうやって他人に納得させるか？
⑪ ケースから何を学ぶか？
⑫ これまで学んだケースとどのように関わるか？

経営能力を涵養することを目的としてケース・メソッドを行う場合、ケースに設問がある場合があります。設問は、講師が参加者に対してケースを分析しやすいように設定したものです。実際の経営現場においては、誰かが質問を考えてくれることはありません。自らが考え質問するということを忘れてはなりません。有効な解決策を見出すには有効な質問がなければなりません。ケース分析からより多く学ぶには、どれだけ有効な質問を多く考えるかが重要である、ともいえます。

　結論として、ケース分析の準備は注意深くケースを読み、ケースについて考えることから始まることになります。

　そのステップは次の四ステップです。

【参考資料】ケーススタディの手引書

ステップ１	最初に幾つかの分節（paragraph）を読み、それからできるだけ速く、「おおまかにどういうケースであるか、どういうタイプの情報が分析のために与えられているか」を自問しながら、ケースを読み込みます。
ステップ２	再度、重要な情報（key facts）に下線を引きながら、ケースを注意深く読みます。それから「この主人公が解決しなければならない基本的問題は何か」を自問します。努めて自分をその立場に置くようにすることが重要です。主人公の問題に強い関わりの感覚（a sense of involvement）を自覚し、味わってください。
ステップ３	取り上げた重要な情報と主要問題を紙に書き出します。それから、問題領域ごとに関連事項を選別しながら、ケースをもう一度検討します。
ステップ４	ケース分析に基づく解決案を考え出します。

※つまり、ケースは最低でも三回は読むことになります。

⑵ ジョン・レイノルズの考案したステップ【参考】

ジョン・レイノルズの考案した「ケース研究のためのステップ」には、以下のように述べられています。

① 最初に全体を通して読む。

一回目の「読み（Reading）」の目的は、ケースに展開されている話題、主要登場人物、分析に当たって自らがその立場に立つべき人物、考慮されなければならない主要な事実、解決をしなければならない問題などについて知ることです。

たとえば、新しい町を訪れたとき、町の詳しい様子は次回に回すにしても、まず主要な道路、商店街、オフィス街などを最初に確認しておくことが必要です。同じように、まずケースに慣れることが「読み」のねらいです。

② 二回目には、ケースをゆっくりと注意深く、徹底的に読みます。文中の重要な事実をノートします。数量的な資料についても、重要な事実がないかどうかを確認します。

二回目の「読み」を終えるまでに、ケースの問題の状況、経営者が直面している意思決定の性質、また経営者が取りうる行動に影響を与えるような制約、機会、資源などの主な諸要素を、抽出できなければなりません。

【参考資料】ケーススタディの手引書

　③ 最後にこれまでに確認してきた重要な諸事実をチェックするために読みます。
　ここでのねらいは、ケースの状況に関する理解がすべての諸事実と矛盾せず、一貫性を持っているかどうかを確認することです。

　④ 仮に参加者各自が分析を精緻に行い、独創的な解決案が得ていたとします。しかし、それを他人に説明し、批判に耐え、説得できなければ、ケース・メソッドで教育を受けたとはいえません。

　とあります。
　すなわち、ケース・ディスカッションにおける個人の進歩の尺度は、その考えが正しかったかどうかの評価ではなく、「クラスに入ったときに知らなかったことをどれだけ多くクラスから得たか」、あるいは「自分が導き出した結果を、いかにクラスメートに正論だと思わせたか」にあるといえます。

4．ケース分析レポートとは

(1) ケース分析の進め方

　ケース分析は初めに、ケースに登場する人物や組織に関わる事実、およびそれに基づく推論を抽出し、その後「主要な問題点は何か」を考察します。

　そして、それぞれの問題点の相互関係を検討した後、登場人物や各組織について考えられる解決策を探索し、最後にケース分析を通じて論じることのできるマネジメントの問題について考察します（図表4）。

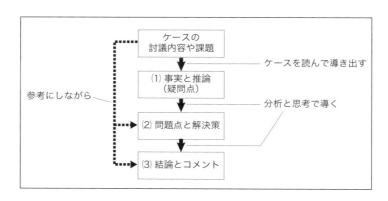

図表4：ケース分析のおおまかな進め方

【参考資料】ケーススタディの手引書

ケース分析を行うためには以下の段階を踏まえることとなります。

① 事実と推論（あるいは疑問点）
　ケースにおける問題点は事実のみからでなく、事実から導き出される推論が事実と複雑に絡み合う諸関係からも推察されます。

② 問題点と解決策
　ある状況のさまざまな事実を、そこから引き出される推論との複雑に絡み合いのなかから認識します。そうした状況における問題点の考察は、事実とともにそこからの推論に基づき行われます。以上の事実と推論、そして解決策を検討します。

③ 結論とコメント
　ケースから事実と推論を抽出し、それを参考に問題点を検討します。ケース分析をしてそれだけで成功したと考えてはなりません。主要問題を論じるに当たって直接参考とはならないようにみえる事実や推論であっても、それら全体を鳥瞰した考察を通じて、より精緻なケース分析が可能となります。ケース分析においては、仔細な事実や推論にも目を配り、それらをケース全体との関連から分析することが求められます。

⑵ 一般的なケース分析のアプローチ

ケース分析は、以下の三つの一般的なアプローチが考えられます。これらの分析的アプローチはいかなるケースでも特に優れているということではなく、時に応じて組み合わせて、使い分けしていく力量が求められます。

① システム・アプローチ

このアプローチでは、組織活動を投入から産出（インプットからアウトプットへ）の転換過程システムとみます。したがって、そのシステムすべての構成部分と、それらの構成部分のインプットからアウトプットへの転換過程における相互関係を理解していれば、どのような問題も機会も、関連する行動も理解できます。

② 行動科学的アプローチ

もう一つのアプローチは、組織での特定の人間行動に焦点を合わせることです。その理論的根拠は、組織はそれ自体存在も、思考も、行動もせず、むしろ人間が主役という考え方です。あくまでも、組織は「分析単位」であるということです。さらに、「マネジメント」は人間を通して、また人間とともにインプットからアウトプットへの転換でしか成り立ちません。その結果、人々の相互関係が中心問題となるのです。実務家たちの経験による分析調査の結果は「行動科学的アプローチは人間的インプットや人間相互の関係についての研究を進めるならば、一層強力なるものになる」ことを示しています。

【参考資料】ケーススタディの手引書

　忘れてはならないのが、ケースの主人公の、その組織の外部環境への関わり方の分析です。主人公たちが組織に対し、いかなる価値、規範、および社会構造の変化をもたらし、具現化しているのか？　それらの価値が、内部環境あるいは組織環境を構成する組織的要因および技術的要因にどう影響し合っているのか？　これらの問題を問い続けていく必要があります。

③ 意思決定アプローチ

　第三のアプローチは「意思決定理論」と「ディシジョン・ツリー」を包含するものです。意思決定アプローチでは、代替案の認識と評価に役立つモデルやツールを使用します。これからのモデルやツールには、ディシジョン・ツリーばかりでなく、貢献利益分析、損益分岐点売上高分析、関連費用分析などがあります。これらの「意思決定」ツールはケース分析においては重要であり、ケース分析の後半になって詳細に検討されます。

　さらに、これらのツールの活用は、単純な問題に対する意思決定に際して、これらの手段を用いて図表化することにより容易に解決策が明らかになります。安易に違った代替案を導くだけでは、本質的な問題の代替案とはならないということを肝に銘じてください。

(3)「仮定」の重要性

　優れた分析者はケースから事実や数字のみならず、それから何を「仮定」するかという準備をしている場合があります。すなわち、進んで創造的な「仮定」を用意し、作り出そうとしています。マネジメントの実務経験の浅い人にはそうした「仮定」を非現実的で「ビジネス界の実態」に則していないと感じる向きもあると思われます。しかしながら、経験豊かな経営者なら誰でも言うように、そうした創造的な「仮定」を用意することが常態であるといえます。
　なぜなら、経営者たちは、意思決定に必要な情報をいつもすべて与えられるとは限らず、ほとんどいつも不完全かつ不正確なデータに基づき意思決定をしなければならないという、事実と向き合っているからです。

図表5：事実を積み上げるだけで結論を導けるわけではない。それは実務でも同じことです。

出　典

『ケース・メソッドに学ぶ経営の基礎』坂井正廣、村本芳郎編著、白桃書房、1993
『新版マネジメント──ケースに学ぶ』坂井正廣、吉田優治編著、文眞堂、1991
『ケース・メソッド学習準備論：ケース分析とケース討議の基礎』坂井正廣著

ウィズン・コンサルティング株式会社

〈会社概要〉
数多くの企業に、
教育研修・コンサルティングのサービスを提供している。

〈教育研修〉
- ヒューマン・アセスメント
- マネジメント研修
- リーダーシップ開発研修
- 経営者育成
- 階層別研修
- 営業力強化研修

その他

〈コンサルティング〉
- 事業戦略立案、構築、定着化
- 営業部門革新、定着
- マーケティング戦略立案、構築、定着化
- コールセンター・マネジメントシステム構築、定着化
- 人事制度構築、定着化
- 人材育成体系構築、定着化

その他

□東京本社：東京都中央区新川 2-8-10　第一中村ビル 5 F
　　　　　TEL 03-5542-0375
□関西支店：大阪府大阪市中央区常盤町 2-1-8　FG ビル大阪 5 F
　　　　　TEL 06-6966-0307
URL：http://www.e-wisdom.jp/

株式会社 MxE コンサルティング

〈会社概要〉

考働力・顧客関係力教科・現場力向上を中心に数多くの企業に、教育研究・コンサルティングのサービスを提供している。

〈教育研修〉

- ●ヒューマン・アセスメント
- ●タイムマネジメント
- ●問題解決力強化

- ●ヒューマンエラー対策
- ●提案営業実践

その他

〈コンサルティング〉

- ●マーケティング戦略立案、構築
- ●営業活動改善
- ●人事評価制度、能力開発制度構築

その他

神奈川県横浜市中区海岸通 3-12-1 ミナトイセビル 8F

℡ 045-228-8566

URL：https://e-mxe.com

◇ 株式会社 MxEコンサルティング エムアンドイー

〈著者紹介〉

岡部　泉（おかべ　いずみ）

1956年生まれ、福井県出身。
駒澤大学経営学部、多摩大学大学院（MBA）卒業。
住友ビジネスコンサルティング㈱（現㈱日本総合研究所）、
NTTラーニングシステムズ㈱コンサルティング部長を経て、
現在 ウィズン・コンサルティング㈱ 代表取締役。

松嶋　清秀（まつしま　きよひで）

1965年生まれ、東京都出身。日本大学生産工学部電気工学科卒業。
製造業にて製造・技術開発・営業・事業開発に従事し、
現在 ㈱MxEコンサルティング 代表取締役。

最強のリーダーシップ
強化訓練教科書
―インシデント・プロセス―

定価（本体 1500円+税）

乱丁・落丁はお取り替えします。

2018年 3月 26日初版第1刷発行
2019年 8月 23日初版第2刷発行
著　者　岡部　泉／松嶋清秀
発行者　百瀬精一
発行所　鳥影社（www.choeisha.com）
〒160-0023 東京都新宿区西新宿3-5-12トーカン新宿7F
電話 03（5948）6470, FAX 03（5948）6471
〒392-0012 長野県諏訪市四賀 229-1（本社・編集室）
電話 0266（53）2903, FAX 0266（58）6771
印刷・製本　モリモト印刷
Ⓒ OKABE Izumi／MATSUSHIMA Kiyohide
2018 printed in Japan
ISBN978-4-86265-657-5　C0034